Annalisa Rana - Luisella Piccoli

Ricordi?

Percorsi ragionati nelle strutture della lingua italiana

VOLUME I con Chiavi

I edizione 2000, Guerra Edizioni, Perugia

II edizione 2001, Guerra Edizioni, Perugia

ISBN 88 - 7715 - 506-X

Tutti i diritti riservati sia del testo che del metodo

Illustrazioni di Maristella Rana

3. 2. 1.
2003 2002 2001

Un grazie particolare a Maristella per la sua preziosa e paziente collaborazione nel creare tutte le illustrazioni di supporto.

Prefazione

«RICORDI?» offre la possibilità di ripercorrere le varie tappe della grammatica italiana sulla base della deduzione e dell'applicazione dei meccanismi riscoperti.

Ogni capitolo si apre con immagini o dialoghi illustrati che permettono di focalizzare un determinato elemento grammaticale e di riflettere sulle strutture linguistiche ad esso collegate.

A tale scopo l'allievo può rispondere a domande, completare formulazioni o riempire tabelle, trovando un costante riscontro nelle chiavi riportate nel «COMPENDIO GRAMMATICALE».

La parte dedicata all'esercitazione vera e propria è costituita da una serie di attività intese non solo come percorsi di apprendimento dei punti grammaticali in questione, ma anche come stimolo all'ampliamento lessicale. Le «CHIAVI DEGLI ESERCIZI» forniscono le soluzioni.

Per la sua particolare impostazione «RICORDI?» è uno strumento adatto all'autoapprendimento e si rivolge soprattutto ai falsi principianti che desiderano sistematizzare le loro conoscenze linguistiche.

Non è da escludere, tuttavia, il suo impiego in classe – anche a partire dal livello elementare – sia come testo d'appoggio, sia come testo base in corsi aventi come obiettivo la revisione o l'approfondimento delle strutture essenziali della lingua italiana.

Le *audiocassette* con la registrazione della maggior parte dei testi e degli esercizi presenti nel libro forniscono all'allievo uno strumento di controllo della pronuncia. Il supporto «RICORDI? I *volume Attività d'ascolto abbinate alle audiocassette con chiavi*» propone al discente autodidatta -o all'insegnante in classe - diverse attività volte ad esercitare la comprensione orale.

L'opera, che non vuole certo essere esaustiva, prevede un II volume di completamento contenenti argomenti morfosintattici e lessicali più complessi.

Le autrici

Presentazione

DALLA REALTÀ VIRTUALE DELLA RICERCA A QUELLA QUOTIDIANA DELL'AULA

I discorsi degli studiosi di teoria della didattica della lingua sono destinati a restare vaghi, pura realtà virtuale, fino a quando non arrivano persone che traducono quelle riflessioni in materiali per l'aula: ed è lì che le teorie prendono corpo e vengono confermate o falsificate.
Questo volume è la realizzazione di una di queste storie, del passaggio dal virtuale al reale.

All'inizio del secolo Palmer, uno dei misconosciuti padri fondatori della nuova glottodidattica, coniò un'espressione: *inventional grammar*, in cui l'aggettivo era basato sul latino *invenio, -is*, cioè: "trovare, scoprire". La grammatica che viene scoperta.
Nell'ultimo decennio del 20° secolo alcuni studiosi, tra cui il sottoscritto, hanno ripreso questa idea come base fondante di una *grammatica glottodidattica*, utilizzandola insieme a principi quali l'approccio a spirale (per cui non si mira a dare subito un quadro completo) e l'autovalutazione, cioè l'apprendimento responsabile, con esercizi da fare per se stessi, non per l'insegnante.
Ebbene: tutti quei principi sono presenti qui, nelle pagine che seguono.
Funzioneranno?

Nelle classi dove questi materiali sono stati sperimentali (incluse le classi delle autrici, che insegnano in Lussemburgo, in classi reali fatte di studenti reali), i principi virtuali del teorico hanno funzionato, incarnati in queste attività, proprio quelle che trovate nelle pagine che seguono.
Questo ci fa pensare che in ogni classe, almeno quelle formate da studenti di lingue indoeuropee, il funzionamento possa esere assicurato, purché le attività non vengano trasformate in noiosi compiti obbligatori, eseguiti in serie uno dopo l'altro senza tregua e pietà.
L'approccio deve essere giocoso, come giocoso è il libro, pur trattando di argomenti seri quali i condizionali ed i pronomi, i plurali e gli articoli, e così via.
Lo studente deve
a. essere convinto che sta lavorando per mettere alla prova alla sua mente, non la memoria
b. eseguire la prova, che consiste nell'"inventare" una data regola sulla base degli esempi illustrati
c. poi può provare a sfidarsi (sfidare la propria mente, non a sfidare l'insegnante e i compagni) applicando la regola che ha "inventato", che ha scoperto
d. procedere alla verifica delle "chiavi" poste alla fine del volume. Se la risposta sarà positiva, la gratificazione non mancherà
e. se c'è stato un errore, invece, deve imparare a considerare la cosa come *normale*: quando si studia una lingua gli errori sono normali. Ripetiamo: *normali*. Ripetiamolo ogni giorno agli studenti. Ciò che non è normale è l'ignorare le lezioni che otteniamo dai nostri errori: ecco perché un materiale come questo, che consente alla mente di far ipotesi grammaticali e poi di verificarle, funziona proficuamente anche se gli studenti fanno errori: indica loro che devono tornare indietro e, se non capiscono come funziona quel dato aspetto dell'italiano, allora devono rivolgersi all'insegnante o utilizzare una grammatica di riferimento.

Paolo E. Balboni

INDICE

			p.
Capitolo	1	• Articoli determinativi: forma singolare • Articoli determinativi: forma plurale • Dimostrativi «questo» e «quello»	13 16 20
Capitolo	2	• Articoli indeterminativi: forma singolare • Articoli indeterminativi: forma plurale ❀ **Intermezzo 1: di, da**	25 28 32
Capitolo	3	• Forma singolare e plurale dei nomi e degli aggettivi • Accordo nome/aggettivo • Formazione dell'avverbio • Molto/tanto, poco, troppo ❀ **Intermezzo 2: a, in, con**	35 35 44 46 49
Capitolo	4	• Presente indicativo di «essere» e «avere» • Pronomi personali soggetto • Forma confidenziale e forma di cortesia • «c'è» - «ci sono»; «è» - «sono»	51 53 55 58
Capitolo	5	• Presente indicativo dei verbi regolari • I coniugazione. Verbi in - care, - gare • II coniugazione • III coniugazione	61 61 65 67
Capitolo	6	• Presente indicativo dei principali verbi irregolari • Presente indicativo dei verbi modali: dovere, potere, volere	71 76
Capitolo	7	• Passato prossimo dei verbi regolari e irregolari: • con l'ausiliare «avere» • con l'ausiliare «essere» • Principali verbi irregolari con l'ausiliare «essere»	79 79 84 86
Capitolo	8	• Futuro semplice di «essere» e «avere» e dei verbi regolari • Futuro semplice dei principali verbi irregolari • Futuro composto • Uso del futuro ❀ **Intermezzo 3: da, fra/tra, fa**	91 95 97 99 101

Capitolo	9	• Preposizioni articolate	103
Capitolo	10	• Aggettivi possessivi • Pronomi possessivi	107 113
Capitolo	11	• Verbi riflessivi: tempi semplici • Verbi riflessivi: tempi composti • Verbi riflessivi - verbi modali	115 117 118
Capitolo	12	• Forme perifrastiche ❃ **Intermezzo 4: sopra-sotto, dentro-fuori da, vicino a/lontano da, davanti a - dietro (a), a sinistra di - a destra di, di fronte a**	121 125
Capitolo	13	• Imperfetto indicativo di «essere» e «avere» e dei verbi regolari • Imperfetto indicativo dei principali verbi irregolari • Uso dell'imperfetto e del passato prossimo • Trapassato prossimo	129 133 134 138
Capitolo	14	• Condizionale semplice di «essere e «avere» e dei verbi regolari • Condizionale semplice dei principali verbi irregolari • Condizionale composto • Uso del condizionale ❃ **Intermezzo 5: però, perciò, perché**	141 145 147 149 151
Capitolo	15	• Pronomi indiretti	153
Capitolo	16	• Pronomi diretti • Pronome partitivo «ne»	161 166
Capitolo	17	• Pronomi combinati	171
Capitolo	18	• Forma impersonale: tempi semplici	179
Capitolo	19	• Imperativo affermativo e negativo dei verbi regolari • Imperativo dei principali verbi irregolari. • Posizione dei pronomi • Uso dell'imperativo	185 190 195 198

Capitolo	20	• Pronomi relativi	199
Capitolo	21	• Concordanza dei tempi all'indicativo ❀ **Intermezzo 6: siccome, poiché, perché, dato che, visto che, anche se**	205 211
Capitolo	22	• Un po' di tutto. Esercitazioni supplementari	213

Compendio grammaticale   225

Chiavi degli esercizi   245

CAPITOLO 1

ARTICOLI DETERMINATIVI: FORMA SINGOLARE
ARTICOLI DETERMINATIVI: FORMA PLURALE
DIMOSTRATIVI «QUESTO» e «QUELLO»

ARTICOLI DETERMINATIVI: FORMA SINGOLARE

Osserva

a) Completa con gli articoli determinativi. Le parole in neretto corrispondono ai disegni della pagina precedente.

1. Perché non prendi .... **ombrello**? Piove!
2. .... **zaino** è troppo pesante per me.
3. Mi piace molto .... **yogurt** alla frutta.
4. .... **idea** di Gianni è fantastica.
5. Allora, prendiamo .... **treno** o .... **aereo**?
6. .... **macchina** di Ugo non parte. Possiamo usare la tua?
7. .... **ragazza** di Pippo fa la fotomodella.
8. .... **uva** non è buona. Mangia piuttosto una pera.
9. Stefano, non dimenticare .... **spazzolino**!
10. .... **pallone** è giù, in cantina.
11. Mi passi .... **vino**, per favore?
12. Accidenti, non trovo .... **collana** di perle!
13. Conosci .... **isola** d'Elba?
14. Per me .... **uomo** ideale non esiste.

b) Inserisci le seguenti parole nelle colonne giuste:

topo - operaio - interprete - xilofono - mamma - luna - inglese - entrata - sport - hotel sigaro - attrice - scienziato - spagnolo - cane - pesce - portoghese - pattinatrice - gioco zio - fiore - mese - mare - elefante - opera - automobile - psicologo insegnante - albergo - amica - segretaria.

MASCHILE			FEMMINILE	
IL	L'	LO	LA	L'

Facciamo il punto

ARTICOLI DETERMINATIVI : FORMA SINGOLARE
Completa lo schema e confrontalo con quello a pag. 225 I:

	MASCHILE		FEMMINILE
IL	davanti ai nomi che iniziano per:	LA	davanti ai nomi che iniziano per: ....
L'	davanti ai nomi che iniziano per:	L'	davanti ai nomi che iniziano per: ....
LO	davanti ai nomi che iniziano per: ...., ..., ..., ..., ..., ..., (............).		

c) Completa con l'articolo giusto.

1.

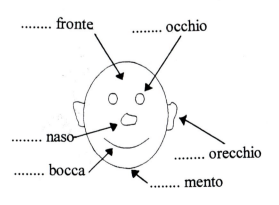

.... fronte
.... occhio
.... naso
.... orecchio
.... bocca
.... mento

2.

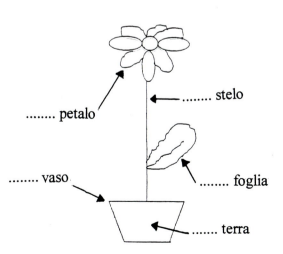

.... insetto
.... stelo
.... petalo
.... foglia
.... vaso
.... terra

CAPITOLO 1

ARTICOLI DETERMINATIVI: FORMA PLURALE

Osserva

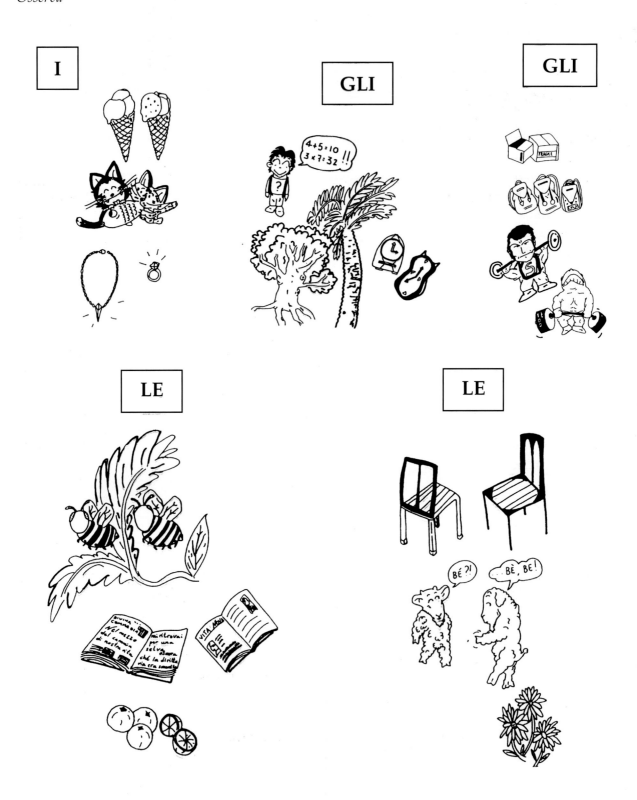

CAPITOLO 1

d) Completa con gli articoli determinativi. Le parole in neretto corrispondono ai disegni della pagina precedente.

1. .... **gatti** non sono vegetariani.
2. .... **sportivi** consumano scarpe e calorie.
3. .... **errori** che fa Pierino sono imperdonabili.
4. Per fare la spremuta puoi prendere .... **arance** che sono in frigo.
5. .... **gioielli** della signora Cicconi sono tutti falsi.
6. .... **api** si vestono di giallo e di nero.
7. .... **sedie** sono fuori, sul balcone.
8. È vero! .... **gelati** italiani sono buonissimi.
9. I miei fiori preferiti sono .... **margherite**.
10. .... **scatoloni** sono già pronti per la spedizione.
11. Vorrei comprare .... **opere** di Dante ma in edizione tascabile.
12. .... **pecorelle** sono un ottimo sonnifero.
13. .... **orologi** sono un'invenzione diabolica.
14. Dove metto .... **zaini**?
15. Tutti dicono che .... **alberi** sono i polmoni del mondo, ma pochi li rispettano.

e) Inserisci le seguenti parole nelle colonne giuste:

quadri - sbagli - cuori - inglesi - ubriachi - zingari - insegnanti - uccelli - scatole spazzacamini - mogli - pizze - capi - spagnole - ragazze - ricordi - signore - città uova - albicocche - pranzi - progetti - amici - zie - secoli - compagni - fiori - artisti alberghi - psicologi - scioperi.

MASCHILE		FEMMINILE
I	GLI	LE

Facciamo il punto

ARTICOLI DETERMINATIVI AL PLURALE
Completa (cfr. pag. 225 II):

MASCHILE		FEMMINILE	
SINGOLARE	PLURALE	SINGOLARE	PLURALE
IL	....	LA	....
L'	....	L'	....
LO	....		

f) Completa con gli articoli determinativi:

Io sono ..... direttore di un grande centro sportivo, amo molto ..... mio lavoro, ma appena posso cerco di organizzare ..... mie giornate in modo da lasciare spazio per ..... miei divertimenti. Ho tre grandi passioni : ..... violino, ... fotografia e ..... sport. ..... settimana scorsa ho visitato ..... agriturismo di alcuni miei amici in Toscana e mi sono divertito moltissimo a fotografare ..... animali, ... macchine per arare ..... campi, ... cucine e anche ..... piante fiorite che circondano ..... villa dove loro abitano. Ho sviluppato io stesso ..... fotografie e ho appeso ..... più belle nel mio ufficio.

g) L' o lo?

..... orso
..... spaventapasseri
..... elenco
..... uragano
..... antiquario
..... zucchero
..... schiaffo
..... occhio

h) Gli o le?

..... scrivanie
..... canzoni
..... spazzolini
..... strade
..... file
..... anelli
..... zanzare
..... zeri
..... piogge
..... visioni

i) Le o i?

..... testi
..... penne
..... ragni
..... problemi
..... frigoriferi
..... matite
..... tromboni
..... gonne
..... figli
..... piatti

l) **Abbina i numeri ai nomi elencati sotto e aggiungi gli articoli determinativi:**

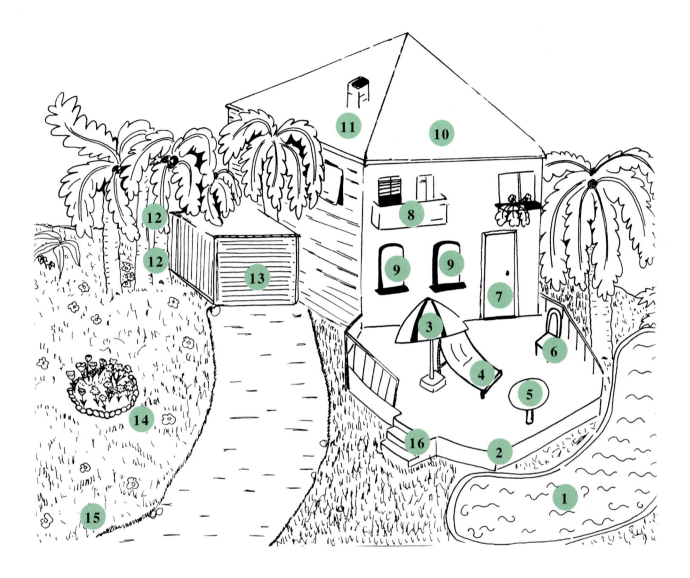

10) ..il... tetto
.....) ...... balcone
.....) ...... finestre
.....) ...... alberi
.....) ...... tavolino
.....) ...... ombrellone
.....) ...... gradini
.....) ...... terrazza
.....) ...... camino
.....) ...... porta
.....) ...... piscina
.....) ...... aiuola
.....) ...... sedia a sdraio
.....) ...... prato
.....) ..... garage
.....) ...... sedia

CAPITOLO 1

DIMOSTRATIVI «QUESTO» e «QUELLO»
Osserva

Facciamo il punto

Per indicare persone o oggetti **vicini** si usa ❏ questo ❏ quello?
Per indicare persone o oggetti **lontani** si usa ❏ questo ❏ quello?
(Cfr. pag. 225 III)

L'AGGETTIVO E IL PRONOME DIMOSTRATIVO «QUESTO».

Non dimenticare!

L'*aggettivo* dimostrativo «questo» ha le stesse forme del *pronome*. (Cfr. pag. 226 IV)

Es.:   **Questo** vino è italiano.   **Questo** è un vino italiano.

«Questo» si comporta come un aggettivo della I classe (vedi capitolo n. 3)

N.B.: Davanti alle parole che iniziano per vocale o per "h" "questo" e "questa" si possono apostrofare.
   Es.: quest'albergo - quest'opera - quest'hotel

m) Completa e trasforma le frasi secondo l'esempio:

Questo film è interessante.   *Questo* è un film interessante.
.... albergo è caro.   ....
.... casa è del '700.   ....
.... sigari sono cubani.   ....
.... opere sono preziosissime.   ....
.... ascensori sono moderni.   ....

L'AGGETTIVO DIMOSTRATIVO «QUELLO»
Sistema al posto giusto le forme riportate nel riquadro (Cfr. pag. 226 V):

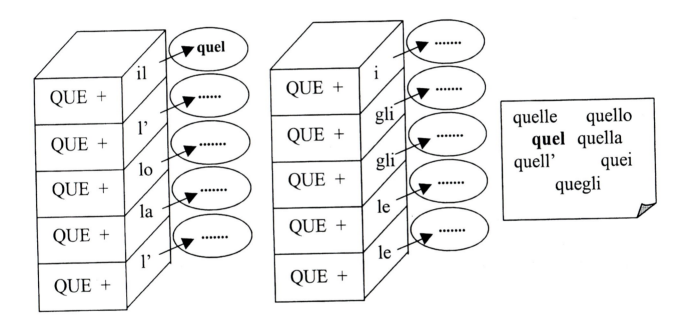

n) Completa:

1. .... infermiere è molto gentile.
2. Chi è .... signora così elegante?
3. Ti ricordi di .... inglese, amica di Carlo? Si è trasferita in Giappone.
4. Non ho mai detto .... cose.
5. Vedi .... hotel laggiù? È l'Intercontinental.
6. Che cosa facciamo con .... spinaci?
7. .... francobolli sono molto rari.
8. Dove hai comprato .... scarponi?
9. Non voglio più uscire con .... stupido.
10. Perché non vai da .... psicologo che ha lo studio in Corso Italia?

Non confondere l'aggettivo con il pronome dimostrativo!

QUELL' uomo è mio padre.   **QUELLO** è mio padre.

aggettivo   pronome

IL PRONOME DIMOSTRATIVO «QUELLO»

Completa (Cfr. pag. 226 VI):

MASCHILE		FEMMINILE	
SINGOLARE	PLURALE	SINGOLARE	PLURALE
QUEL......	QUEL......	QUEL.......	QUEL.......

o) Completa:

Q............. è mio marito Franco, q............. sono i miei figli Carlo e Luca, q............. sono le mie figlie Maria e Paola e q............. laggiù è mia suocera.

p) Completa con aggettivi o pronomi dimostrativi:

1. ..../......................... è il mio ufficio.
2. ..../......................... motoscafo è un vecchio modello.
3. ..../......................... sono le mie chiavi.
4. ..../......................... piante sono da buttare.
5. A che serve ..../......................... apparecchio?
6. Non devi uscire con .... ragazzi lì; non mi fido di loro.
7. .... che dice è vero!
8. ..../......................... non sono veri amici.
9. Posso darti tutto .... che vuoi.
10. ..../......................... opera non mi è piaciuta.
11. Che pensi di ..../......................... film?
12. Chi è .... ragazzo seduto vicino a Giovanna?

Non dimenticare!
In italiano esiste anche il dimostrativo «codesto», ma viene usato quasi esclusivamente in Toscana.

CAPITOLO 2

ARTICOLI INDETERMINATIVI: FORMA SINGOLARE
ARTICOLI INDETERMINATIVI: FORMA PLURALE

ARTICOLI INDETERMINATIVI : FORMA SINGOLARE

Osserva

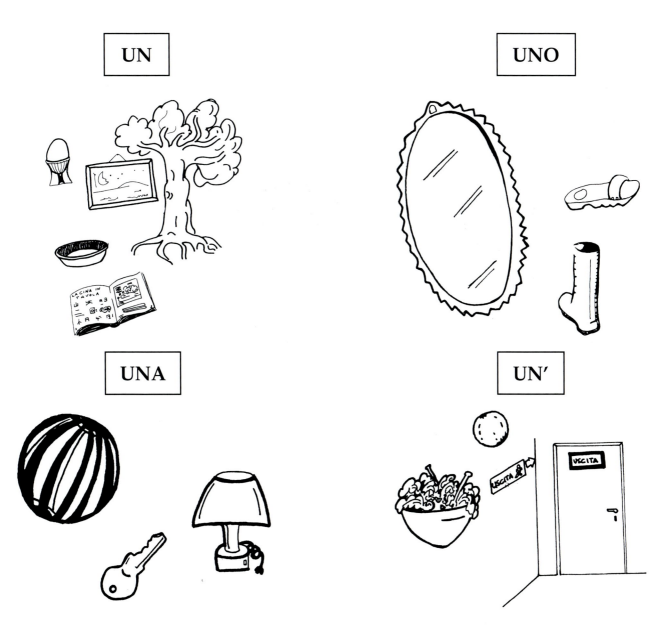

a) Completa con gli articoli indeterminativi. Le parole in neretto corrispondono ai disegni della pagina precedente.

1. L'Italia ha la forma di .... **stivale**.
2. Vuoi .... **uovo** à la coque?
3. Nell'ingresso vorrei mettere .... **specchio** ovale.
4. Nel soggiorno di Sandra c'è .... **quadro**, secondo me, orribile.
5. Ho bisogno di .... **lampada** più grande.
6. Perché a Giulietta non regaliamo .... **palla**?
7. Fabio ha perduto .... **zoccolo** nella sabbia.
8. A pranzo mangio solo .... **insalata**.
9. Dietro la casa c'è solo .... **albero**.
10. Franca ha comprato .... **libro** di ricette cinesi.
11. A tavola manca .... **piatto**.
12. Non c'è più frutta: è rimasta solo .... **arancia**.
13. Qualcuno ha trovato .... **chiave**?
14. Al cinema mi siedo sempre vicino a .... **uscita**.

b) Inserisci i seguenti nomi nelle colonne giuste:

*progetto - agenda - yogurt - scienziata - calza - architetto - elemento
fotocopia - serata - ballo - sbaglio - serpente - ufficio - ingegnere
spettacolo - tram - scuola - amico - zero - isola - oca - stadio - premio
spazzola - impiegato - infermiera - fax - amica - psicologo - gnocco - frase - straniero.*

MASCHILE		FEMMINILE	
UN	UNO	UN'	UNA

c) *Un o uno?*

1. .... programma
   .... schiaffo
   .... zodiaco

2. .... svantaggio
   .... pulcino
   .... stregone

3. .... angolo
   .... trasporto
   .... cavallo

d) *Un' o una?*

1. .... immagine
   .... esperienza
   .... entrata

2. .... stanza
   .... lettera
   .... specialità

3. .... farfalla
   .... iniziativa
   .... campana

Facciamo il punto

ARTICOLI INDETERMINATIVI : FORMA SINGOLARE
Completa (cfr. pag. 226 I):

	MASCHILE		FEMMINILE
UN	davanti ai nomi che iniziano per:	UNA	davanti ai nomi che iniziano per: ....
UNO	davanti ai nomi che iniziano per:	UN'	davanti ai nomi che iniziano per: ....

ARTICOLI INDERMINATIVI: FORMA PLURALE
Osserva

e) Completa con gli articoli indeterminativi. Le parole in neretto corrispondono ai disegni.

1. Alla fiera potete trovare .... **vini** pregiati ad un prezzo conveniente.
2. Per la festa del piccolo Angelo ho invitato .... **bambini** che abitano nel nostro quartiere.
3. Con la tua minigonna vertiginosa devi metterti .... **stivali** rossi.
4. Vi faccio .... **spaghetti** alla carbonara?
5. Marta è una bravissima cuoca: fa .... **sformati** di verdure davvero speciali.
6. I vestiti firmati hanno .... **prezzi** esagerati.
7. Piantiamo .... **alberi** in giardino?
8. Buongiorno, vorrei .... **tramezzini** al salmone, per cortesia.
9. In un museo di Vienna ho visto .... **ombrelli** e .... **orologi** molto antichi.

f) Guarda i disegni e completa:

1. Sai che il capo ha mandato .... rose rosse a Luisa?
2. Perché non aggiungiamo .... albicocche alla macedonia?
3. Il mio meccanico vende .... macchine usate.
4. Durante l'ultima gita in montagna abbiamo visto .... aquile reali.
5. Quest'anno abbiamo mangiato .... ciliegie eccellenti.
6. Pensa, mi hanno offerto .... pizzette surgelate!

Facciamo il punto

ARTICOLI INDETERMINATIVI : FORMA PLURALE
Completa (cfr. pag. 226 II):

MASCHILE		FEMMINILE	
un	....	una	....
uno	....	un'	....

g) **Inserisci le seguenti parole nelle colonne giuste:**

scatole - cioccolatini - città - amici - penne - bicchieri - coltelli - tram - film - biglietti - riviste - stupidi - informazioni - scrittori - pesche - pesci - scarponi - forchette - ostacoli - nuotatori - atleti - campi - autostrade - uova - canzoni - rossetti.

MASCHILE		FEMMINILE
DEI	DEGLI	DELLE

h) **Che cosa manca in questo soggiorno? Completa con *dei, degli, delle*:**

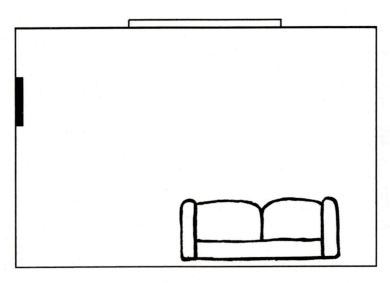

1. .... poltrone
2. .... tende
3. .... tavolini
4. .... tappeti
5. .... armadi
6. .... scaffali
7. .... specchi
8. .... piante
9. .... cuscini

i) **Completa con** *uno, un, una, un', dei, delle:*

In ...... zoo grandissimo di ...... paese ricco e felice hanno fatto ...... esperimento curioso.

Hanno costruito .... case per le persone che si sentono particolarmente attratte da ...... tipo di animali, vicino alle gabbie di quegli animali.

Così ...... bel giorno, ... scimpanzé, abituato da sempre alla sua privacy, si è trovato davanti all'uscita della sua gabbia ...... signore che gli porgeva ...... noccioline e gli faceva ...... gesti cercando di comunicare.

E ...... indossatrice africana, residente nella zona delle giraffe, mangia regolarmente in compagnia delle sue simpatiche vicine che si limitano ad infilare la testa in ...... finestra della casa e ricevono ...... abbondanti porzioni di verdura, alimento esclusivo della superlongilinea modella.

Purtroppo non si hanno notizie di ...... ex-domatore di tigri che aveva collocato la sua roulotte in .... zona frequentatissima dalle sue ex-allieve.

INTERMEZZO 1

DI   DA

a) **Abbina le frasi alle immagini e aggiungi la preposizione:**

1./c.. Quel cane non è mio: è ...... Piero.
2./... Nel nostro giardino c'è un albero ...... mele.
3./... Che freddo! Devo mettermi un maglione ..... lana.
4./... Ho letto tutti i romanzi ...... A. Moravia.
5./... I bambini sono andati a casa ..... Silvia.
6./... Oggi è il compleanno ...... Patrizia: le mando un mazzo ...... fiori.
7./... La mattina non mangio niente, bevo solamente una tazza ...... latte caldo.

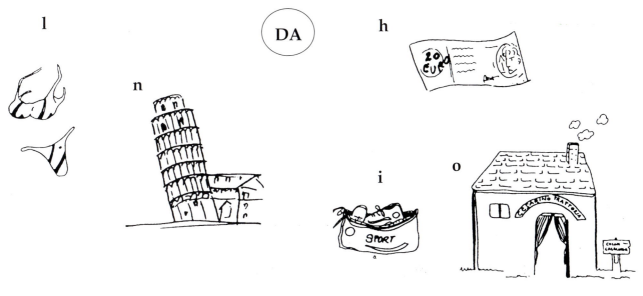

8. /... Accidenti: ho dimenticato il costume ...... bagno!
9. /... Paolo viene ...... Pisa.
10. /... Questo treno arriva ...... Roma?
11. /... Ogni giorno pranziamo alla trattoria " ..... Cesarino".
12. /... Dove sono le mie scarpe ...... tennis?
13. /... Scusi, ha una banconota ...... 20 Euro?

b) Completa le seguenti frasi scegliendo la preposizione *di* o *da*:

1. È tua questa borsa? No, è ...... mia madre.
2. Perché non ti metti un paio ..... jeans per viaggiare?
3. Ho comprato 5 scatole ...... quei buonissimi biscotti che ho mangiato ..... te ieri.
4. L'aereo delle 20.30 arriva ...... Londra.
5. ...... dov'è Teresa? ...... Palermo.
6. Mi piacciono i vestiti ...... lino perché sono freschi.
7. Per favore, compra anche una scatoletta ...... tonno ...... 200 grammi.
8. Ho un nuovo spazzolino ...... denti elettrico.
9. Ti piace l'ultimo CD ..... Jovanotti?
10. Dopo la partita siamo andati tutti a cena ...... Luigi.
11. Puoi prestarmi i tuoi occhiali ...... sole?
12. Giulia sta scrivendo un libro ...... favole.
13. Ecco i documenti ...... tradurre per domani.
14. Lavoro in banca ...... sei anni.

c) Come il precedente:

1. L'acqua esce .... questo tubo rotto.
2. Hai intenzione .... passare la giornata a letto?
3. Siamo contenti .... aver ottenuto il permesso .... soggiorno.
4. Abiti anche tu .... queste parti?
5. Birgit è austriaca? Penso .... sì.
6. Allora, usciamo sabato o domenica? Per noi è uguale, dipende solo .... voi.
7. Sono sicura .... aver fatto male quel lavoro.
8. Ho caricato la macchina in modo .... farci stare tutto.
9. Vuole essere così gentile .... chiudere il finestrino?
10. Il professor Silvestri è un esperto .... letteratura americana.

CAPITOLO 3

FORMA SINGOLARE E PLURALE DEI NOMI E DEGLI AGGETTIVI.
ACCORDO NOME /AGGETTIVO - FORMAZIONE DELL'AVVERBIO
MOLTO/TANTO POCO TROPPO

FORMA SINGOLARE E PLURALE DEI NOMI E DEGLI AGGETTIVI
ACCORDO NOME/AGGETTIVO
Osserva

a) Abbina le immagini alle descrizioni:

	IMMAGINE
1. un interessante *libro* italiano	c
2. un vecchio *dizionario* inglese	_____
3. una piccola *macchina* tedesca	_____
4. una buona *ricetta* portoghese	_____
5. una *nave* militare spagnola	_____
6. un *pittore* giovane e stravagante	_____
7. una brava *cantante* svedese	_____
8. uno *studente* intelligente ma pigro	_____

b) Maschile o femminile?

		maschile	femminile
1.	libro	X	___
2.	dizionario	___	___
3.	macchina	___	___
4.	ricetta	___	___
5.	nave	___	___
6.	pittore	___	___
7.	cantante	___	___
8.	studente	___	___

c) Sottolinea le vocali finali e raggruppa i nomi in due classi:

I CLASSE		II CLASSE	
MASCHILE	FEMMINILE	MASCHILE	FEMMINILE
libr**o**	macchin**a**		

CAPITOLO 3

d) Quali aggettivi mancano?

NOMI   AGGETTIVI

1. libro   interessante   _____
2. dizionario   vecchio   _____
3. macchina   _____   tedesca
4. ricetta   buona   _____
5. nave   _____   spagnola
6. pittore   _____   stravagante
7. cantante   brava   _____
8. studente   _____   pigro

Osserva le vocali finali. Come vedi anche gli aggettivi possono terminare in -o/a oppure in -e.

e) Raggruppa gli aggettivi incontrati in queste tabelle:

AGGETTIVI IN -O/A	AGGETTIVI IN -E

Facciamo il punto

FORMA SINGOLARE DEL NOME E DELL'AGGETTIVO
Completa (cfr. pag. 227 I)

I CLASSE		II CLASSE	
MASC.	FEMM.	MASC.	FEMM.
-	-	-	- ....

E IL PLURALE COME SI FORMA?

f) Abbina gli aggettivi ai nomi:

due .... ricette ....   tre .... libri ....

> italiani   intelligenti   interessanti
> portoghesi   pigri   spagnole
>   buone   militari

due studenti .... ma ....   due navi ....

Facciamo il punto

FORMA PLURALE DEL NOME E DELL'AGGETTIVO
Completa (cfr. pag. 227 II):

I CLASSE		II CLASSE	
MASC.	FEMM.	MASC.	FEMM.
-	-	-	- ....

g) Abbina i nomi agli aggettivi:

spettacoli   sportive
gondole   antichi
mobili   teatrali
alberi   veneziane
strade   secolari
macchine   cellulari
lezioni   interessanti
telefoni   interrotte

h) Completa le frasi con le vocali mancanti:

1. Ho comprato dei giornal... frances... per Caroline.
2. In quella pasticceria vendono delle tort... di mel... eccellent... .
3. Quante lingu... stranier... conosci?
4. Nella trasmissione "Donne oggi" hanno intervistato due famos... attric... american... .
5. Dove hai messo i miei nuov... guant... da sci?
6. Vorrei comprarmi delle magli... cald... ma elegant... .
7. I miei vicin... sono belg... * .

i) Completa le seguenti frasi:

1. Buon... questo formaggi... belg...!
2. Chi ha fatto questa ottim... pizz... rustic...?
3. Com'è car... questo vestit...!
4. Non è un po' cort... il tuo impermeabil... ?
5. Questi dolc... sicilian... sono veramente straordinar... .
6. Simpatic...** le vostre amic... fiorentin... !
7. Ho visto una commedi... napoletan... molto divertent... .
8. Al secondo piano del museo ci sono dei quadr... fiamming... davvero stupend... .
9. Queste fotografie sono bell... ma impressionant...!
10. Per me le salsicc... al vin... bianc... sono schifos... .

* "belga" è irregolare. M : belga/belgi; F: belga/belghe
** Vedi più avanti :"Non dimenticare !"

l) Volgi al plurale le parti in corsivo:

1. Ecco *il nuovo esercizio*.
   ....

2. Devi darmi *un'informazione precisa*.
   ....

3. Passami *quella mela verde* per favore.
   ....

4. Sono abbonato a *questa rivista italiana*.
   ....

5. Può firmare *un documento urgente*?
   ....

6. Mi traduci *questa breve poesia* in tedesco?
   ....

m) Che cosa vedi nell'immagine? Rispondi utilizzando le parole indicate nella pagina accanto:

> strega, luna, turista, volpe, spaventapasseri, albero, stella, insetto, fiore, diavolo, scopa, lattina, cannuccia, macchina fotografica, casco, cespuglio, cappello, zucca.

tre streghe, ... luna, ... turist...,..
....
....

Osserva

un giornalista   una dentista

Facciamo il punto

Nomi come **pianista, giornalista, dentista,** ecc. possono essere MASCHILI o FEMMINILI

Attenzione al plurale!

Osserva

due giornalisti   due dentiste

CAPITOLO 3

Anche aggettivi come **ottimista, pessimista, idiota, entusiasta, ipocrita**, ecc. si comportano allo stesso modo :

una persona ottimista   due persone ottimiste
un professore idealista   due professori idealisti

NOMI E AGGETTIVI IN -A
Completa (cfr. pag. 227 III):

MASCHILE		FEMMINILE	
SING.	PLUR.	SING.	PLUR.
-	-	-	- ....

Non dimenticare!

❏ - Nomi come "programma, dilemma, dramma ecc." sono generalmente MASCHILI:
   il programma   i programmi
   il dramma   i drammi

❏ - Restano invariati al plurale:
a) alcuni nomi in –o come :
   la moto   le moto
   la foto   le foto
   la sdraio   le sdraio   ATTENZIONE: la mano   le mani

b) i nomi stranieri come "film, autobus, garage ecc.":
   il film   i film
   lo sport   gli sport

c) i nomi accentati sull'ultima vocale:
   la virtù   le virtù
   la qualità   le qualità
   il caffè   i caffè
   l'oblò   gli oblò

d) i monosillabi come:
   la gru   le gru
   il re   i re

e) alcuni aggettivi che si riferiscono ai colori:
   un fazzoletto rosa   due fazzoletti rosa
   una maglia blu   due maglie blu

f) i nomi femminili in –i come:
   la crisi   le crisi
   l'ipotesi   le ipotesi

❏ - I nomi e gli aggettivi in **–co/go** formano il plurale in **-chi/ghi** o in **–ci/gi**:
    il banco   i banchi
    lungo   lunghi
    simpatico   simpatici
    l'asparago   gli asparagi

• - I nomi e gli aggettivi in **–ca/ga** formano il plurale sempre in **–che/ghe**:
    la barca   le barche
    larga   larghe

• - I nomi e gli aggettivi in **-io** formano il plurale in **–ii** se accentati sull'ultima sillaba:
    lo zio   gli zii
    il ronzio   i ronzii   ma: l'orologio   gli orologi

n) Completa con le lettere mancanti:

o) Completa il testo:

Se avete problem... di insonnia chiamate il 334455. Vi risponderanno voc... angelic... disposte a farvi compagnia per tutt... le or... della notte. Potete chiedere di ascoltare quello che volete: non ci sono programm... fiss... . Vi proponiamo music... insolit... o canzon... popolar..., poesi... romantic... o famos... ari... d'opera, conversazion... filosofic.. o enigm... cervellotic... . E se preferite contare le tradizional... pecorell... soporifer..., nessun problem... : collegatevi via Internet con noi (www. pecor) e vedrete sfilare sullo schermo pecor..., tartarug... marin..., lumac..., pesc... tropical..., delfin... che potrete continuare a contare nei vostri sogn... .

CAPITOLO 3

FORMAZIONE DELL'AVVERBIO

Osserva

Come mangia Eva?   Troppo ....
E suo fratello?   Troppo ....

Facciamo il punto

FORMAZIONE DELL'AVVERBIO
Completa (cfr. pag. 227 IV):

Un gran numero di avverbi si forma aggiungendo all'aggettivo le terminazioni:

Es.: in modo lento ⟶ lent**a**mente
  in modo veloce ⟶ veloc**e**mente
ma: leggermente !

N.B.: Se gli aggettivi finiscono in -le o -re, in genere si elimina la -e finale.
Es.: facile ⟶ facil(e̸)mente

p) Forma gli avverbi dai seguenti aggettivi:

affettuoso:	affettuosamente	feroce:	....
fortunato:	....	sincero:	....
oggettivo:	....	concreto:	....
costante:	....	gentile:	....
volgare:	....	passivo:	....
abile:	....	stupido:	....

Osserva

q) Quali avverbi ha utilizzato Diana?

......................, ..., ..., ..., ..., ...

Facciamo il punto

Ci sono degli avverbi che non si formano da altre parole (es.: sempre, adesso), altri che risultano dalla fusione di due o più parole (es.: almeno = al+meno, talvolta = tale + volta), altri che sono più precisamente delle locuzioni avverbiali (es. d'ora in poi, tutt'a un tratto, ecc.)

r) Sottolinea tutti gli avverbi presenti nelle seguenti frasi:

1. Da quando ho lo studio in mansarda non faccio che correre su e giù per le scale.
2. Questi sono i letti a castello. Tu preferisci dormire sopra o sotto?
3. "Mangiamo fuori?" "Mah, io preferirei mangiare dentro. Ho freddo!"
4. Ultimamente ho fatto dei disegni astratti: ora te li mostro.
5. Di là c'è un cliente per te: non farlo aspettare molto, mi raccomando!
6. Facciamo presto: le banche stanno per chiudere!

7. "Finalmente è tornato il sole!" "Non rallegrarti troppo, qui non dura mai a lungo."
8. L'incidente è successo perché ho guardato indietro, ma non a destra!
9. "Sta ancora male Serena?" "No, si sta riprendendo piano piano."
10. "Posso entrare? Disturbo?" "Per niente, entra, entra!"
11. Prima mangiamo e poi guardiamo le diapositive.
12. Andate avanti: nelle prime file trovate posto.

s) Completa le seguenti frasi scegliendo un avverbio dal riquadro:

> finalmente   alla fine/infine
> lontano   a lungo
> prima   avanti

1. "Sono arrivati i diplomi dall'Università". "..! Erano sei mesi che aspettavo!"
2. "È venuto l'architetto?" "Sì, ed è rimasto .... per prendere tutte le misure."
3. "Come avete fatto a trovare questa casa?" "Per prima cosa abbiamo guardato nei giornali, poi ci siamo rivolti ad un'agenzia e .... abbiamo chiesto a tutte le persone che conoscevamo..."
4. Il supermercato dove ho l'abitudine di fare la spesa è ...., ma ha prodotti di ottima qualità.
5. Non possiamo mettere la parabolica. .... dobbiamo riparare il tetto.
6. Vieni ....! Non avere paura: il mio cane non ha mai fatto male ad una mosca!

MOLTO/TANTO POCO TROPPO

Osserva

* **Tanto** può essere usato al posto di **molto**.

Facciamo il punto

In questo dialogo **molto/tanto, poco, troppo** si accordano con il nome che segue. Perché?
(Cfr. pag. 227 Va.)
....

> **t) Completa:**

1) In casa mia ci sono molt..... tappeti e poc..... poltrone. A noi piace stare seduti per terra.
2) La settimana scorsa ho mangiato tropp..... gelati.
3) Per fare il tiramisù mi servono molt...... uova.
4) Secondo me in questo sugo c'è tropp..... cipolla e poc..... aglio.
5) Viviamo insieme da tant..... anni, ma non ci conosciamo ancora bene.

Osserva

Facciamo il punto

In questo dialogo **molto/tanto, poco, troppo** restano invariati. Perché?
(Cfr. pag. 227 Vb.)
....

u) Completa il testo:

In città hanno aperto da poco un negozio che vende tant..... oggetti originali.
Ci sono soprattutto cose inutili, per esempio molt ..... statuette orientali, tant..... soprammobili di cristallo, ma poc..... vasi o portacenere.
Il negozio è splendido, molt..... ben arredato e attira molt..... gente, ma io non so se avrà molt..... successo, perché i prezzi sono tropp..... alti e la padrona poc..... sorridente .

v) Completa le frasi secondo il senso:

1. Dobbiamo fissare la data della riunione. Mancano .... giorni alla fine del mese.
2. Sai che il tuo orologio è un modello .... raro ?
3. Il cinema "Corso" è generalmente .... affollato, ma allo spettacolo delle 22 c'è sempre .... gente *.
4. Maria Pia non vuole più lavorare in questa casa. Dice che ci sono .... scale e .... animali.

* **la** gente (sing.)

INTERMEZZO 2

A   IN   CON

a) **Abbina le frasi alle immagini e aggiungi la preposizione:**

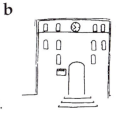

1./ c. Il telefono ha squillato .... mezzanotte.
2./ ... Questo maglione è fatto .... mano.
3./ ... Dopo cena abbiamo giocato .... carte.
4./ ... L'estate prossima andiamo .... New York.
5./ ... Oggi Valeria resta tutto il giorno .... scuola.
6./ ... Il martedì torno .... casa molto tardi.

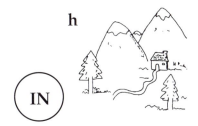

7./ ... I miei nonni abitano .... montagna.
8./ ... Perché non andiamo .... vacanza ......   settembre?
9./ ... Erminia viaggia spesso .... autobus.
10./ ... Il venerdì sera vado volentieri .... discoteca.
11./ ... Sai che ho fatto un giro .... elicottero?

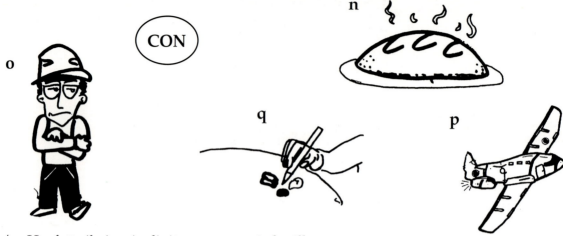

12./... Ho fatto il viaggio di ritorno .... un imbecille.
13./... Non scrivere .... il pennarello sulla tovaglia.
14./... Questo pane è fatto .... la farina integrale.
15./... Daniele arriva .... l'aereo delle 17.30.

b) Completa con *in, a,* o *con*:

1. Marc abita .... Francia, ... Marsiglia.
2. Oggi pomeriggio devo assolutamente andare .... farmacia.
3. Detesto viaggiare .... treno.
4. Benedetto preferisce studiare .... biblioteca.
5. Mia sorella ha comprato una casa .... campagna.
6. Vuoi fare un giro .... me .... barca domani?
7. Domenica, se non piove, lavorerò .... giardino.
8. .... che ora vai .... palestra?
9. Vieni .... pranzo da noi sabato?
10. Di solito .... casa sto sempre .... tuta.
11. Mio figlio fa dei disegni bellissimi .... i colori a cera.
12. Il giornalaio chiude .... mezzogiorno in punto.

c) Completa il testo con la preposizione adatta (*in, a, con*):

Abito .... Firenze da due anni. Studio architettura. Ho un piccolo appartamento .... centro, ... via dei Bardi. Generalmente vado .... lezione .... macchina o .... piedi se fa bel tempo. Non mi piace cucinare, perciò non torno mai .... casa per i pasti. Preferisco mangiare con i miei colleghi .... pizzeria o .... qualche paninoteca vicino all'università.
Detesto lo sport e, quando posso, dormo fino .... mezzogiorno. Nel tempo libero faccio dei poster .... vecchie carte e stoffe che mi regalano i commercianti del mio quartiere e li vendo la domenica mattina .... Piazza della Signoria.

Capitolo 4

Presente indicativo di "essere" e "avere"
Pronomi personali soggetto
Forma confidenziale e di cortesia
"C'è" - "Ci sono", "è" - "sono"

PRESENTE INDICATIVO DI " ESSERE " E " AVERE "

a) Abbina le immagini ai fumetti:

a/ ..... b/..... c/..... d/..... e/..... f/..... g/.....

CAPITOLO 4

b) Abbina le immagini ai fumetti:

a/ ..... b/..... c/..... d/..... e/..... f/.....

Facciamo il punto

PRESENTE INDICATIVO DI "ESSERE" E "AVERE".
Completa (cfr. pag. 228 I) :

ESSERE		AVERE	
io sono	noi	io ho	noi ....
tu	voi	tu	voi ....
lui/lei	loro	lui/lei	loro ....

c) Completa con le forme del presente di *essere* o *avere*:

1. " .... stanca, Patrizia?" "Sì, ... stanca morta."
2. " .... molto da fare oggi, Paolo?" "Sì, ... molto lavoro."
3. " Che cos'............ tua sorella?" " .... di nuovo innamorata!"
4. "Per me la primavera .... la stagione più bella." "Anche per me!"
5. .... già le 9 e .... ancora in pigiama!? Sai che gli ospiti arrivano tra pochissimo?
6. " .... pronti, bambini?" "Nooooo!"
7. " Che cane .... i tuoi cugini?" "Un Terranova."
8. " .... tutti il biglietto, ragazzi?" "No, io no."
9. "Stefano ed io .... voglia di andare a ballare stasera. Venite anche voi?" "Non possiamo, ... occupati: Ornella e Vera .... bisogno di una mano."

PRONOMI PERSONALI SOGGETTO
Osserva

Non dimenticare!

In italiano non è necessario esprimere sempre il pronome soggetto. Lo si esprime solo per enfatizzare o sottolineare un contrasto.

> **d) Completa con i pronomi dov'è veramente necessario:**

1. "E .... chi è?" "........ è il nuovo fidanzato di Emilia."
2. "Questa sera .... andate a cena fuori?" "No, ... restiamo a casa."
3. Sono .... che mi hanno raccontato questa strana storia! Non l'ho inventata ....!
4. "Permette? .... sono l'ingegner Broglia, e Lei chi è?" "Piacere! .... mi chiamo Doriana Stefanelli, ... sono la nuova segretaria."
5. "Quando .... avete ricevuto il pacco?" "........ l'abbiamo ricevuto ieri."
6. " .... siamo invitati, e .... ?" " Noi no!"

Non dimenticare!

- Esistono altri pronomi di III persona che sono piuttosto rari e usati nella lingua scritta:
    MASCH. SING. : egli, esso   FEMM. SING. : ella, essa
    MASCH. PLUR : essi   FEMM. PLUR. : esse

CAPITOLO 4

FORMA CONFIDENZIALE E FORMA DI CORTESIA

e) Abbina le immagini ai fumetti:

a/.... b/ ..... c/ ..... d/ .....

Facciamo il punto

PRONOMI DELLA FORMA CONFIDENZIALE
Completa (cfr. pag. 228 II a):

SINGOLARE	PLURALE
....	....

CAPITOLO 4

f) Abbina le immagini ai fumetti:

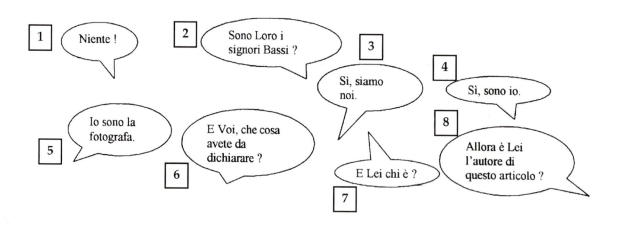

a/.... b/ .... c/.... d/.... e/.... f/.... g/.... h/....

Facciamo il punto

PRONOMI DELLA FORMA DI CORTESIA
Completa (cfr. pag. 228 IIb):

SINGOLARE	PLURALE
…………………	…………………
	…………………

"Voi" è la forma più usata; "Loro" è molto formale.

g) Completa:

1. "Scusi, ………… è il signor Wilwert?" "No, ………… mi chiamo Dini e sono italiano."
2. "Ragazzi, avete finito ………… il caffè?" "………… no, forse è stata zia Marilena."
3. Senta, dottore, perché non telefona ………… al Suo collega? In questo momento sono occupatissima!
4. "Hanno ordinato ………… le aragoste?" "No, ………… abbiamo ordinato il pesce spada!"
5. ………… prendo una bibita fresca e …………, Martina, vuoi un gelato?
6. "………… abbiamo una camera con vista sul mare, e …………?" "Noi no, purtroppo."

CAPITOLO 4

"C'È" - "CI SONO", "È" - "SONO"
Osserva

passanti, lampioni, statua, fontana,
bar, panchine, cani, tabaccaio, guardiano,
piccioni, bicicletta, alberi, marciapiede

h) Che cosa c'è in piazza? Completa con la parola adatta corrispondente al numero indicato nell'immagine:

1. **C'è** una (1) statua.
2. **Ci sono** dei (2) ....
3. **Ci sono** delle (3) ....
4. **C'è** una (4) ....
5. **Ci sono** dei (5) ....
6. **C'è** un (6) ....

i) Dov'è? Dove sono?

1. Il (7) .... al n.14.
2. I (2) .... sulle strisce pedonali.
3. La (1) .... al centro della piazza.
4. I (8) .... sul marciapiede.
5. Gli (9) .... nel giardinetto.

N.B.: Se "c'è / ci sono" sono accompagnati dal pronome partitivo **ne** il "ci" diventa "ce".
(Vedi Cap. 17)
Es.: Quanti piccioni ci sono nella piazza? **Ce ne** sono nove.

l) Continua a descrivere la piazza completando le seguenti frasi:

1. Ci sono dei .... (10)
2. .... un .... (11)
3. Il .... (6) .... al n.20.
4. La .... (12) .... dietro la fontana.
5. Le .... (3) .... davanti ai giardinetti.

m) Completa con la forma giusta: *c'è/è, ci sono/sono*:

Nel mio giardino non .... fiori, perché io non ho il tempo per piantarli e curarli.
.... un vecchio ciliegio che in primavera si copre di fiori rosa. Quando .... le ciliegie il giardino .... pieno di uccelli che le divorano prima che noi possiamo assaggiarle.
Le ciliegie che restano .... tutte marce o troppo in alto e raccoglierle .... difficile, così le lasciamo sull'albero e, se vogliamo mangiarle, le compriamo.
Nel giardino dei vicini, invece, ... fiori, alberi da frutta e, in fondo, ... anche uno stagno con le ninfee. .... una meraviglia! Loro .... pensionati e il giardinaggio .... il loro passatempo preferito.
Io mi consolo pensando che il mio giardino .... pratico: .... solo un grande prato dove i bambini possono correre, giocare a palla liberamente, ma attenzione: se la palla finisce nel giardino dei vicini .... una catastrofe!

Osserva

n) **Completa i dialoghi.**

1. "Che cosa ……… stasera su RAI uno?"
   "……….un film di Tornatore."
2. "Senti anche tu delle voci in giardino?"
   "Sì, andiamo a vedere che cos'………. "
3. "Che cosa ……… quelle macchie bianche sul pavimento?"
   "Oh no! ………. pittura!"

CAPITOLO 5

PRESENTE INDICATIVO DEI VERBI REGOLARI
I CONIUGAZIONE. VERBI IN -care, -gare ; -ciare, -giare
II CONIUGAZIONE
III CONIUGAZIONE

I CONIUGAZIONE
Osserva

> **a)** Ricopia le forme verbali corrispondenti ai pronomi soggetto e scrivi tra parentesi l'infinito dei verbi:

io ..riparo........ (...riparare...................)   noi .... (.................................)
tu .... (.................................)   voi .... (.................................)
lui/lei .... (.................................)   loro .... (.................................)

CAPITOLO 5

Facciamo il punto

I CONIUGAZIONE

Completa (cfr. pag. 228 I):

I verbi della I coniugazione terminano in :- _ _ _

PRESENTE INDICATIVO = TEMA DEL VERBO + DESINENZE *(cfr. pag. 228 I):*

I CONIUGAZIONE (-ARE)			
io	-o	noi	-.....
tu	-.....	voi	-.....
lui/lei	-.....	loro	-.....

b) Completa:

1. Alfonso, mi ....(AIUTARE) per favore? Qui c'è qualcosa che non .... (FUNZIONARE). Ogni volta che .... (io CLICCARE) su "START", lo schermo .... (DIVENTARE) tutto nero.
2. Perché non .... (PROVARE) noi a mettere le piastrelle in cucina?
3. Quest'estate dobbiamo cambiare programma; i Giorgini non ....(AFFITTARE) più la loro casa in campagna.
4. Gianni, ... (ASCOLTARE) sempre musica e non .... (STUDIARE) mai!
5. Anche voi .... (GIOCARE) volentieri a scacchi?
6. Ma cos'ha oggi il capo? Mi .... (CHIAMARE) in continuazione.
7. Dottor Zanelli, se .... (ABITARE) lontano da qui, domani possiamo vederci in centro.
8. Se .... (voi PARCHEGGIARE) la macchina in questa piazza, rischiate di avere una multa.

c) Che cosa manca? Inserisci le lettere al posto giusto e poi collega le parti di frasi:

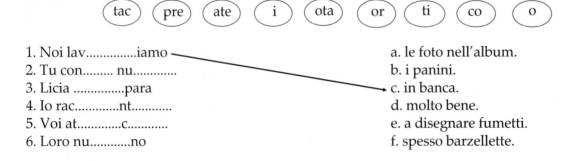

CAPITOLO 5

VERBI IN -care, -gare

> **d) Sistema queste forme verbali al posto giusto:**

*cercare   pago   pagano
cerca   cerchiamo   paga
cercano   pagate   cerchi
cercate
paghiamo   paghi   cerco
pagare*

1. "Che ...., Mario?" "........................ l'agenda."
2. Ragazzi, perché non .... di mangiare in modo più sano?
3. Su, dividiamo! Voi .... le pizze e noi .... la birra!
4. I commercianti .... molte tasse e .... di non fare più sconti ai clienti.
5. Quanto ....?" "Lei non .... niente. Per Lei è gratis!"
6. Gigi, che cosa aspetti a ....?
7. Questa settimana devo .... di fare più ginnastica.
8. Marina, quanto .... per la messa in piega dal tuo parrucchiere?
9. È da mesi che .... una macchina di seconda mano ma non la troviamo.
10. Signora, se .... la lista dei partecipanti è su quel tavolo.

Facciamo il punto

VERBI IN -CARE E -GARE
Rispondi (Cfr. pag. 229 II):

Davanti a quale vocale hai aggiunto "**h**"?

a ❏   e ❏   i ❏   o ❏   u ❏

VERBI IN -ciare, -giare

> **e) Completa i dialoghi con le forme dei verbi:** *cominciare, mangiare, viaggiare, rinunciare.*

1. IN UFFICIO – h. 12.30.
"................ con me, Anna?" "No, grazie, oggi non ho molto tempo; .... a lavorare già alle 13."

63

2. ALL'AGENZIA VIAGGI.

"Mi dispiace, i posti in aereo sono esauriti. Se (voi) .... volentieri in treno, ci sono ancora posti nei vagoni letto."
"No, in treno no! Allora (noi) .... a partire questa settimana. Quando .... la bassa stagione in Val d'Aosta?"
"Alla fine di aprile".

3. A CASA.

Lui: "Che bello, fra poco .... i mondiali di calcio!"
Lei: "Allora quando ci sono le partite io e le ragazze .... fuori!"

Facciamo il punto

VERBI IN -CIARE E -GIARE
Rispondi (cfr. pag. 229 III):

Che cosa noti nella II persona singolare (tu)?
....

f) Completa con i verbi al presente indicativo:

"Che fai qui, Marcello?"
"..................................... (ASPETTARE) l'autobus."
"Ma non .... (ASCOLTARE) la radio? .... (loro PROLUNGARE) lo sciopero fino a dopodomani."
"..................................... (SCHERZARE) ? Lo sciopero .... (CONTINUARE) ancora? Allora mi .... (ACCOMPAGNARE) in ufficio con la tua macchina? È già tardi."
"Se mi .... (PAGARE) un caffè! Però prima .... (noi PASSARE) a prendere mia moglie che è rimasta di nuovo in panne."
"Avete ancora la vecchia 500? Ma perché non la .... (CAMBIARE)? Siete ricchi sfondati, ...voi!!"
"Anche tu però non .... (CAMBIARE) mai, eh!?"

N.B.: I verbi in **-iare** che alla prima persona (io) del presente indicativo hanno l'accento sulla **i** (come invio, spio, scio) conservano la **i** del tema nella seconda persona singolare (tu).
Es.: io invio, tu invii, lui/lei invia, noi inviamo, voi inviate, loro inviano.

II CONIUGAZIONE

Osserva

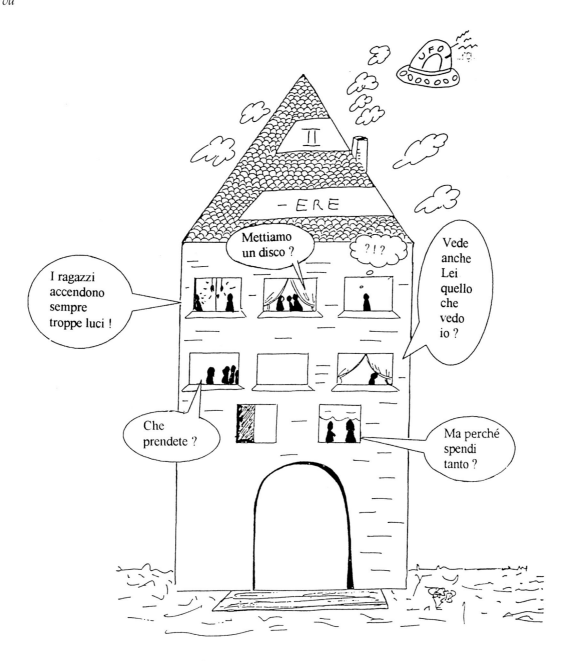

> **g) Ricopia le forme verbali corrispondenti ai pronomi soggetto e scrivi tra parentesi l'infinito dei verbi:**

io ..vedo........... (...vedere ...)   noi .... (..................)
tu .... (..................)   voi .... (..................)
lui/lei .... (..................)   loro .... (..................)

Facciamo il punto

II CONIUGAZIONE
Completa (cfr. pag. 229 IV):

I verbi della II coniugazione terminano in: -_ _ _

Le desinenze del presente indicativo sono:

II CONIUGAZIONE (-ERE)			
io	-.....	noi	-.....
tu	-.....	voi	-.....
lui/lei	-.....	loro	-.....

h) Completa:

1. .... (SCENDERE) con me in garage, Matteo? Devo lavare la macchina.
2. Scusate, ma perché .... (RIDERE) tanto?
3. Adesso .... (STENDERE) la biancheria e poi vengo.
4. .... (APPENDERE noi) questo quadro nel mio studio?
5. Signorina Belli, ... (CREDERE) davvero di non aver vinto il concorso?
6. Da quando .... (CORRERE) ogni giorno Monica è molto meno nervosa.
7. I prezzi non .... (COMPRENDERE) le consumazioni al bar.

i) Completa con i verbi al presente indicativo:

"Allora, come sta il piccolo?".
"........................ (CRESCERE) abbastanza bene. Non si .... (REGGERE) ancora da solo, ma va in giro, ... (PRENDERE) quello che trova e .... (METTERE) tutto in bocca!"
"E .... (PIANGERE) ancora tanto la notte?"
"No! Di notte non lo .... (noi RICONOSCERE) quasi più: sembra proprio un angioletto!"
"Così adesso la mattina non .... (voi CADERE) più dal sonno in ufficio!"
"È vero, ma chissà quanti altri problemi ci .... (ATTENDERE) con Michelino!"
"Tu .... (PRENDERE) le cose troppo sul serio. Non preoccuparti, i bambini .... (CRESCERE) talmente in fretta!"

III CONIUGAZIONE
Osserva

---

1) Ricopia le forme verbali corrispondenti ai pronomi soggetto e scrivi tra parentesi l'infinito dei verbi :

io .. scopro......... (...scoprire...............)
tu .... (..........................)
lui/lei .... (..........................)

noi .... (..........................)
voi .... (..........................)
loro .... (..........................)

Facciamo il punto

III CONIUGAZIONE
Completa (cfr. pag. 229 V):

I verbi della III coniugazione terminano in :- _ _ _
Le desinenze del presente indicativo sono:

III CONIUGAZIONE (-IRE)			
io	-.....	noi	-.....
tu	-.....	voi	-.....
lui/lei	-.....	loro	-.....

m) Completa:

1. Che aperitivo .... (noi OFFRIRE) ai nostri ospiti?
2. Perché non .... (voi INVESTIRE) i vostri soldi in opere d'arte?
3. Pietro, non ti .... (COPRIRE) la testa ? Il sole è molto forte!
4. Come mai i carabinieri .... (INSEGUIRE) quell'uomo?
5. .... (RIEMPIRE) io le bottiglie?
6. Se mio padre .... (SCOPRIRE) la verità, sono guai.

VERBI CON -ISC-

n) Sistema queste forme verbali al posto giusto:

preferisci   finiamo   preferisco   finite
pulisce   puliamo   finisco   preferite
finisci   preferisce   preferiscono   finiscono

1. "........................... il sole o l'ombra, Karina?" "Che domande ! .... il sole!"
2. "Professore, ... un tè o un caffè?" "Non ha una grappa o un cognac?"
3. "A che ora .... stasera?" "Io .... alle 6, ma mia moglie alle 9."
4. Se .... di controllare tutte le schede entro le 11, siamo a buon punto.
5. "........................... una stanza doppia o matrimoniale?" "Una matrimoniale."
6. "Appena .... mi telefoni?" "D'accordo!"
7. "Che fate stasera dopo il lavoro?" "Se abbiamo l'energia, ... a fondo la casa."
8. "Che fanno i tuoi figli quando .... la scuola? Vanno al mare?"
   "No, hanno detto che quest'anno .... fare un giro in bicicletta in Olanda."
9. "Cos'è questo rumore?" "È la macchina che .... la spiaggia ogni mattina."

Facciamo il punto

VERBI DELLA III CONIUGAZIONE CON -ISC-
Rispondi (cfr. pag. 229 VI):

Verbi come "preferire, finire, capire, spedire, ecc." sono regolari, ma alcune forme inseriscono -ISC- prima della desinenza. Per quali persone succede questo?

io ❑ tu ❑ lui/lei ❑
noi ❑ voi ❑ loro ❑

o) Completa con i verbi al presente indicativo:

"Diego, mia moglie mi .... (TRADIRE)!!"
"Beh, io non mi .... (STUPIRE)."
"Come, non ti .... (STUPIRE)??"
"Sei sempre in viaggio e tua moglie probabilmente .... (SOFFRIRE) di solitudine. È normale cercare amici, tutti .... (PREFERIRE) avere un po' di compagnia piuttosto che restare soli."
"Sì, ma............."
"Perché non .... (voi PARTIRE) insieme per fare una bella vacanza ? Certe volte funziona......."
"Ah no, impossibile, i miei impegni me lo .... (IMPEDIRE): ho troppo da fare, missioni importanti all'estero, affari urgenti qui, ... (CAPIRE), vero?"
"Sai che ti dico, testone ? Che Chiara fa benissimo a tradirti !"

p) Completa con le forme dei seguenti verbi: *restare, ripetere, smettere, cantare* **(2)**, *nuotare, ascoltare, cominciare, insegnare, finire, raggiungere, gradire, lasciare, applaudire, gorgheggiare, passare.*

La maestra dei miei figli è anche una cantante lirica: a scuola, nell'intervallo, (lei) .... in classe e .... per almeno dieci minuti. Non .... mai una giornata senza cantare ! Anche durante le vacanze non .... di esercitarsi. Al mare, di solito (lei) .... un po' e poi .... a ripetere il suo repertorio in acqua. Gli altri bagnanti .... meravigliati e poi ...., ma non tutti .... e alcuni .... la spiaggia un po' scocciati.
In montagna .... le cime più isolate e .... inosservata per delle ore.
Naturalmente lei .... ai bambini molte canzoni diverse che loro .... quando .... le lezioni e che .... a casa nei più svariati arrangiamenti.

CAPITOLO 6

PRESENTE INDICATIVO DEI PRINCIPALI VERBI IRREGOLARI
PRESENTE INDICATIVO DEI VERBI MODALI:
dovere, potere, volere.

PRESENTE INDICATIVO DEI PRINCIPALI VERBI IRREGOLARI

> a) Individua le forme dei verbi irregolari - eccetto "essere" e "avere" - presenti nei dialoghi e completa il riquadro come nell'esempio:

IN UFFICIO.
(Ernesto parla con il suo nuovo collega, Alfredo.)
E.: "Basta ! Sono stufo. Adesso esco e vado al bar. Vieni con me ?"
A.: " Volentieri. Dove andiamo?"
E.: " Mah ... al bar qui all'angolo fanno un ottimo caffè."
A.: "Bene ! Ma... esci così, senza cappotto?"
E.: "Oggi non fa tanto freddo!"
A.: "Dici ? Non so, io me lo metto. Ho già un po' di raffreddore."

esco, esci	USCIRE
............, ...	....
....	....
............, ...	....
....	....
....	....

LUNGO LA STRADA.
(Ernesto vede da lontano una bella ragazza.)
E.: "Alfredo, ti piace quella bionda?"
A.: "Mica male!"
E.: "Sai chi è ?"
A.: "No."
E.: "È la figlia del Direttore!"
A: "Ah, e tu la conosci?"
E.: "Sì, adesso te la presento... Grazia!"
G.: "Ah, ciao, Ernesto, come stai?"
E.: "Benissimo, grazie. Ti presento Alfredo, il mio nuovo collega."
G.: "Ciao!"
A.: "Ciao!"
G.: "Dove andate di bello durante le ore d'ufficio, eh?"
E.: "Al bar, per ricaricare le batterie... Vieni con noi?"
G.: "Con piacere!"

piace	PIACERE
....	....
....	....
....	....
....	....

71

AL BAR.

G.: "Ci sediamo su, al primo piano? C'è una bella vista sulla piazza."
E.: "Va bene."
A.: "D'accordo, mi tolgo il cappotto e salgo."
  [............]
E.: "Allora, che cosa beviamo?"
G.: "Io prendo un cappuccino."
A.: "Io un espresso."
E.: "E io un caffè corretto."
  [dopo un'ora e mezza]
G.: "Sapete che ora è? Io torno a casa, se no mia madre.... Voi rimanete ancora qui?"
E.: "No, no, se no tuo padre..."

sediamo	SEDERE
....	......
....	......
....	......
....	......
....	......

Facciamo il punto

PRESENTE INDICATIVO DEI PRINCIPALI VERBI IRREGOLARI
Completa (cfr. pag. 230 I):

	IO	TU	LUI/LEI	NOI	VOI	LORO
andare	vado	.....	va	.....	andate	vanno
dare	do	.....	.....	diamo	.....	danno
fare	faccio	fai	.....	.....	fate	.....
sapere	so	sai	.....	sappiamo	.....	sanno
stare	sto	.....	sta	.....	.....	.....

porre	pongo	poni	.....	.....	ponete	pongono
rimanere	rimango	rimani	.....	rimaniamo	.....	.....
salire	.....	sali	sale	.....	.....	salgono
scegliere	scelgo	.....	sceglie	.....	.....	.....
spegnere	.....	spegni	.....	.....	spegnete	spengono
tenere	tengo	tieni	.....	teniamo	.....	tengono
togliere	.....	togli	.....	.....	togliete	.....
venire	vengo	.....	viene	.....	venite	.....

bere	bevo	bevi	.....	.....	bevete	.....
dire	dico	.....	.....	diciamo	dite	dicono
sedere	siedo	.....	.....	sediamo	sedete	siedono
uscire	esco	.....	.....	usciamo	.....	escono
piacere	piaccio	piaci	.....	.....	.....	piacciono

N.B.: I verbi composti presentano le stesse irregolarità dei verbi principali, ma hanno significati diversi.

Es.: **ri**fare – io **ri**faccio   **pro**porre – io **pro**pongo
      sostenere – io **sos**tengo   **pre**dire – io **pre**dico
      riuscire – io **ri**esco   **inter**venire – io **inter**vengo.

b) Completa con i verbi al presente indicativo:

IN UFFICIO.
(Ernesto vede Alfredo che arriva di corsa.)
E.: "Come mai così in ritardo?"
A.: "Ah, un disastro! .... (SAPERE) che mi è successo? Stamattina .... (USCIRE) di casa, ... (SALIRE) in macchina, ... (STARE) per partire, quando vedo il postino che .... (VENIRE) verso di me con un pacco enorme. Scendo, lui mi saluta, mi .... (DARE) il pacco, mi .... (DIRE) che .... (VENIRE) dall'America, mi .... (FARE) gli auguri di Buone Feste; io gli .... (DARE) una mancia, gli .... (FARE) anche tanti auguri, lascio la macchina aperta, torno a casa, metto il pacco per terra, suona il telefono : è mia sorella che .... (STARE) a Boston e che vuole sapere se è già arrivato un pacco. Insomma, un quarto d'ora di chiacchiere. Finita la telefonata chiudo la porta di casa, e .... (RIMANERE) a bocca aperta : la mia macchina non c'è più! Chiamo un taxi, ... (ANDARE) alla polizia per denunciare il furto ed eccomi finalmente qui!"
E.: "Quanto mi .... (DISPIACERE), Alfredo! Secondo me però... il postino ne .... (SAPERE) qualcosa!"

c) Completa il testo con i verbi regolari e irregolari al presente indicativo:

Nando .... (VIVERE) a Genova da molti anni ma è originario di Palermo. .... (LAVORARE) come operaio specializzato in una ditta di prodotti tessili e .... (GUADAGNARE) abbastanza bene. .... (AVERE) due figli che .... (STUDIARE) e .... (SOGNARE) di diventare ingegneri.
Sua moglie .... (PREFERIRE) lavorare a metà tempo per occuparsi della casa e dei figli.
Nando e la sua famiglia non .... (TORNARE) spesso in Sicilia perché i ragazzi durante l'estate .... (FARE) dei piccoli lavori a Genova per potersi pagare le vacanze e poi .... (PARTIRE) con i loro amici.
Di solito Nando e sua moglie .... (TORNARE) a Palermo a Natale e **ci*** .... (RIMANERE) due o tre settimane.
Ai ragazzi non .... (PIACERE) andare in Sicilia perché .... (CONOSCERE) poche persone della loro età e quindi, dopo qualche giorno si .... (ANNOIARE) e non .... (SAPERE) cosa fare. Generalmente la sera .... (LEGGERE) un po', ... (USCIRE), ma .... (RIENTRARE) presto e .... (ANDARE) a dormire.

N.B.: "ci" ha valore locativo. Qui significa "**a Palermo**".
Un altro esempio: "Vieni **al cinema** stasera?" "Sì, **ci** vengo volentieri."

CAPITOLO 6

d) Completa la griglia con l'aiuto delle frasi che seguono:

CAPITOLO 6

ORIZZONTALI :

1. Quando .... a sciare ? (N 1O)
2. Sono sicuro che tu .... a Grazia. (R 4).
3. Il problema che Lei mi .... non è facile da risolvere. (X 1)
4. Signora Giusti, ... in ascensore o va a piedi ? (K 19)
5. (Noi) .... un po' di erbacce in giardino? (F 17)
6. Guarda che bella torta. Quale (noi) .... per la festa di Gisella? (T1)
7. Se io mi metto qui, Lei dove si .... ? (C 20)
8. .... Lei la luce, per favore ? (G 15)
9. Con chi .... a nuotare i bambini domani ? (Q 12)
10. Mamma, mi .... ancora un po' di patatine ? (H 7)
11. Che ....(voi) seduti lì per terra ? (O 7)
12. Prima di decidere sentiamo quello che .... gli altri.(I 11)
13. I tuoi genitori .... già che vuoi andare a vivere da sola? (G 9)
14. Queste piante sono così alte che .... molta luce alla stanza. (L 1)
15. Non .... mai i funghi perché non li conosco. (T 17)

VERTICALI:

1. A me .... molto le commedie di Edoardo De Filippo. (D 5)
2. Che cosa .... questa sera all'Odeon ? (H 7)
3. Questo fine-settimana .... una gita al lago. Vuoi venire anche tu? (O 7)
4. Perché non .... ancora un po' con noi, Giulio ? (I 12)
5. Non .... ancora se affittare un camper o una roulotte, tu che ci consigli ? (M 24)
6. .... da te verso le 5, d'accordo ? (N 10)
7. Simonetta non .... mai la sera perché sta preparando un esame. (S 1)
8. Marco .... dalla voglia di vederti. (F 23)
9. Non ricordo se i Tanzini .... più volentieri vino rosso o vino bianco. (J 22)
10. I miei figli sono pigri : non .... mai a piedi. (R 22)
11. I nostri vicini .... la TV accesa anche quando mangiano e non la .... mai prima di mezzanotte. (F 17 ; K 14)
12. .... domani i giornali ? (T 3)
13. Questa volta .... io il programma. (A 24)
14. Sull'autobus non mi .... mai ; preferisco stare in piedi. (G 9)
15. Quando guardo i vecchi film di Totò .... dalle risate. (E 13).

CAPITOLO 6

PRESENTE INDICATIVO DEI VERBI MODALI: dovere, potere, volere.

Osserva

e) Ricopia le forme dei verbi modali con i loro soggetti e trova gli infiniti corrispondenti:

PRONOME	PRESENTE	INFINITO
tu	vuoi	volere

Facciamo il punto

PRESENTE INDICATIVO DEI VERBI MODALI
Completa (cfr. pag. 230 II):

	IO	TU	LUI/LEI	NOI	VOI	LORO
potere	posso				potete	
volere			vuole			vogliono
dovere		devi		dobbiamo		

f) Collega le frasi delle due colonne in modo logico:

1. Maria vuole riposarsi un po'
2. Vogliamo comprare un'altra casa
3. Luca e Dino devono ripetere l'anno
4. Non ho capito
5. Se posso
6. Scusi signora,
7. Se dovete andare in centro
8. Devo mangiare di meno
9. Puoi restituirmi i libri
10. Se volete fare un bel regalo
11. Se non possono venire loro da noi

a. perché non hanno superato l'esame.
b. perché è molto stanca.
c. quando i Koen vogliono venire in Italia.
d. quando vuoi.
e. vengo volentieri da te stasera.
f. perché la nostra è troppo piccola.
g. potete prendere questo quadro.
h. può dirmi che ora è?
i. dobbiamo andare noi da loro.
l. se voglio dimagrire un po'.
m. possiamo darvi un passaggio noi.

g) Completa con i verbi modali che ti sembrano più adatti:

1. Scusi, dove .... (io) telefonare?
2. In quale ristorante .... festeggiare il vostro anniversario di matrimonio?
3. Non .... (io) più vedere Furio: non lo .... sopportare!
4. .... (noi) sederci a tavola?
5. Quanti libri .... (tu) leggere per l'esame di V livello?
6. .... (noi) chiederti un favore?
7. Mia figlia .... ancora discutere la tesi e poi ha finito i suoi studi universitari.
8. Sai che le macchine non .... più parcheggiare qui?
9. Se passate per il centro .... fare attenzione ai sensi unici.
10. Signori .... accomodarsi, prego!
11. Scusi, signora, mi .... dire dov'è la Banca Nazionale del Lavoro?
12. Ragazzi, ... ancora un po' di pasta?

h) Completa le frasi con la forma adatta dei verbi composti indicati tra parentesi:

1. "Quando .... (RIFARE) un bel viaggio con i bambini?" "Vediamo come va con il mio lavoro, ma forse possiamo organizzare qualcosa già il mese prossimo."
2. Alcuni miei colleghi .... (SOSTENERE) tutte le scelte del direttore e non lo criticano mai!
3. "Helga, ... (RIUSCIRE) a capire il film?" "Sinceramente no. Parlano quasi sempre in dialetto...!"
4. "Che data .... (PROPORRE)?" "Per noi può andar bene il 12 marzo."
5. "Nicoletta, ... (RIVOLERE) subito i miei dischi!" "Va bene, va bene, te li .... (RIDARE). Eccoli!"
6. "Maestro, Lei .... (COMPORRE) solo brani di musica leggera?" "Per ora sì."
7. Evito di comprare i prodotti che .... (CONTENERE) dei conservanti.
8. "Sai, conosco una cartomante che .... (PREDIRE) seriamente il futuro." "Ma va ..., mi dai il suo indirizzo?" "Mi .... (DISPIACERE), non ho l'agenda con me. Ti telefono stasera."

CAPITOLO 7

PASSATO PROSSIMO DEI VERBI REGOLARI E IRREGOLARI
- CON L'AUSILIARE «AVERE»
- CON L'AUSILIARE «ESSERE»

PASSATO PROSSIMO DEI VERBI REGOLARI CON L'AUSILIARE "AVERE"

E voi come avete passato Capodanno?

Guarda le immagini e poi fa l'esercizio

a) Collega i soggetti con le forme del verbo *avere* e completa le frasi:

Noi	avete	a. festeggiato con i vostri amici?
Voi	hanno	b. preparato il cenone.
Giorgio e Sara	abbiamo	c. riflettuto sul tuo futuro?
Io	hai	d. spedito messaggi elettronici.
Tu	ha	e. dormito, come sempre.
Mia madre	ho	f. ricevuto tutta la famiglia.

> **b) Riporta qui di seguito le forme del participio passato dei verbi e scrivi tra parentesi l'infinito corrispondente:**

festeggiato   (festeggiare.....)   ....   (..........................)
....   (..........................)   ....   (..........................)
....   (..........................)   ....   (..........................)

Facciamo il punto

PASSATO PROSSIMO = AUSILIARE (coniugato) + PARTICIPIO PASSATO
                                       es.:   ho   lavorato
PARTICIPIO PASSATO DEI VERBI REGOLARI
Come si forma? *Completa (cfr.pag. 230 I):*

VERBI IN:	PARTICIPIO PASSATO
- ARE (I)	tema del verbo + ...
- ERE (II)	tema del verbo + ...
- IRE (III)	tema del verbo + ...

> **c) Completa le seguenti frasi con le forme del passato prossimo dei verbi tra parentesi:**

1. "Nicola, ... (PORTARE) fuori il cane?"
   "Beh, diciamo che lui .... (PORTARE) fuori me."
2. Ieri sera .... (noi SUONARE) fino a mezzanotte e i vicini .... (CHIAMARE) la polizia.
3. Da quando .... (VENDERE) la casa al mare non sappiamo più dove andare in agosto.
4. Quando .... (voi FINIRE) di discutere potete raggiungerci in giardino.
5. Lo spettacolo di danze africane .... (AVERE) molto successo: il pubblico .... (APPLAUDIRE) per quasi cinque minuti.
6. "Dove .... (tu CONOSCERE) Giovanna?" "In Grecia, durante una crociera."

> **d) Completa con il passato prossimo dei verbi:** *suonare, cominciare, dovere*, passare, fermare, ricevere, portare, avere, pagare, invitare, saltare, preferire, trovare.*

Oggi (io) .... una giornata orribile! La sveglia non .... e (io) .... precipitarmi fuori di casa senza far colazione. .... un taxi per strada perché la mia macchina era dal meccanico. .... tariffa doppia

* **dovere, potere, volere** hanno il participio passato regolare:
         dovere – dovuto   potere – potuto   volere – voluto

perché non erano ancora le 8. In ufficio .... centinaia di messaggi e telefonate e non .... il tempo di rispondere a tutti . Alle 13 i colleghi mi .... in pizzeria, ma, data la quantità di lavoro, io .... non uscire e .... il pranzo.
Nel pomeriggio però .... ad avere fame. In un cassetto della scrivania .... una grossa tavoletta di cioccolata e, senza pensarci due volte, l'ho finita.
Risultato: ora sono a letto (mi .... a casa l'ambulanza) con una nausea bestiale e il disgusto definitivo per la cioccolata.

PRINCIPALI VERBI IRREGOLARI CON L'AUSILIARE "AVERE"
Osserva

e) **Riporta le forme verbali al passato vicino ai corrispondenti pronomi soggetto e scrivi tra parentesi l'infinito dei verbi:**

io ....ho deciso....... (...decidere.....)   noi .... (...........................)
tu .... (...........................)   voi .... (...........................)
lui .... (...........................)   loro .... (...........................)

Facciamo il punto

PARTICIPIO PASSATO DEI PRINCIPALI VERBI IRREGOLARI CON L'AUSILIARE "AVERE".

Decidere, vedere, fare, ecc. sono verbi irregolari. Ricordi il participio passato di altri verbi irregolari - e dei loro composti! - con l'ausiliare **avere**? *Completa le tabelle (Cfr. pag. 231 II).*

I verbi sono raggruppati secondo il tipo di irregolarità.

INFINITO	PARTICIPIO PASSATO
accendere	acceso
prendere	
scendere*	
decidere	deciso
dividere	
ridere	
chiudere	chiuso
perdere	perso/(perduto)
chiedere	chiesto
nascondere	nascosto
rispondere	
porre	
vedere	visto/(veduto)
dirigere	diretto
costringere	
correggere	
dire	detto
leggere	
fare	fatto
trarre	
rompere	rotto
tradurre	

INFINITO	PARTICIPIO PASSATO
produrre	
scrivere	scritto
friggere	
offrire	offerto
aprire	
vincere	vinto
dipingere	
piangere	pianto
cogliere	colto
risolvere	
volgere	
sciogliere	
scegliere	scelto
bere	bevuto
sapere	
tenere	
vivere*	vissuto
dare	dato
muovere	mosso
scuotere	
mettere	messo
discutere	discusso

* **scendere, vivere** possono avere anche l'ausiliare essere *(Cfr. pag. 229)*

> **f) Completa le seguenti frasi con le forme del passato prossimo dei verbi tra parentesi:**

1. "Perché .... (CHIEDERE) un giorno di permesso?"
   "Perché .... (VINCERE) una bicicletta alla lotteria della Befana e devo andare a ritirarla."
2. Marta .... (VIVERE) sempre da sola. Come mai .... (PROPORRE) a sua sorella di andare ad abitare insieme a lei?
3. Lo scippatore mi .... (SPINGERE) contro un muro, mi .... (TOGLIERE) con forza la borsa e poi è scappato.

4. "……………….. (tu SAPERE) che Tina ……………….. APRIRE) un negozio di articoli sportivi in via Milano?" "Ma dai, proprio lei che non ……………….. (FARE) mai sport in vita sua!"
5. "Allora, Matteo, ……………….. (voi SCEGLIERE) il regalo per la mamma?" "No, cioè, non ancora. Ieri sera io e Teresa ……………….. (DISCUTERE) per più di un'ora ma non ……………….. (DECIDERE) niente. Teresa ……………….. (DIRE) che è meglio vederci tutti domani sera qui da noi per sentire anche Fulvio e Rosa."
   "D'accordo ! A domani allora."
6. "……………….. (tu VEDERE) l'ultimo film di Benigni?"
   " Sì, e ……………….. (RIDERE) fino alle lacrime durante la scena del ballo."

g) Cerca in tutte le direzioni (→ ← ↑ ↓ \ /) le 13 forme dei participi irregolari nascoste nel diagramma seguente:

V	G	Z	S	O	T	N	I	P	I	D
S	I	D	D	A	C	F	I	U	P	B
Y	C	S	P	E	N	T	O	R	O	W
A	V	H	S	R	U	L	K	S	F	E
G	D	C	C	U	O	K	U	A	A	Q
B	C	I	E	T	T	I	M	P	T	E
E	F	H	L	V	H	O	E	D	T	R
X	A	O	T	C	C	L	W	E	O	F
B	T	N	O	H	E	D	A	T	O	V
O	G	J	K	I	R	K	P	T	E	P
T	I	F	L	E	K	O	D	O	M	C
T	A	M	O	S	S	O	Z	F	I	F
E	F	G	R	T	O	K	I	Y	P	O
L	B	S	L	O	X	E	B	G	C	R
E	C	G	O	T	T	O	D	A	R	T

h) Completa le seguenti frasi con uno dei participi passati nel riquadro:

1. Dopo quattro ore di lavoro abbiamo ……………….. il problema del collegamento alla rete.
2. Peccato! Il sole ha ……………….. completamente la neve.
3. Avevo intenzione di fare una lunga escursione in montagna, ma il maltempo mi ha ……………….. a cambiare idea.
4. La notizia dell'ultimo incidente aereo mi ha ………………..
5. Ho ……………….. nell'agenda l'indirizzo di Sandro.
6. Non abbiamo ancora ……………….. le prugne perché non sono mature.
7. Francesca ha ……………….. a sua madre di non bere alcol alla festa.
8. Hai già *……………….. i compiti o devi farlo stasera?

scritto
sciolto
costretto
promesso
risolto
raccolto
corretto
sconvolto

*N.B. parole come "già, più, ancora, sempre, ecc." vengono inserite preferibilmente tra l'ausiliare e il participio passato.
   Es.: Non ho **ancora** mangiato.

CAPITOLO 7

VERBI REGOLARI CON L'AUSILIARE " ESSERE "

E voi che avete fatto sabato scorso?

Guarda le immagini e poi fa l'esercizio

> **i) Collega i soggetti con le forme del verbo essere e completa le frasi aiutandoti con le immagini:**

Giuliana	siamo	a. uscita con le sue colleghe.
Io	è	b. riuscito a montare l'armadio?
Voi	sono	c. andati a una mostra.
I miei figli	sei	d. tornati dalla montagna.
Tu	siete	e. andata a teatro.
Io e Marco	sono	f. arrivate troppo tardi alla stazione, vero?

> **l) Riporta qui di seguito le forme del passato prossimo corrispondenti ai soggetti elencati:**

Io	....	Io e Marco	....
Tu	....	Voi	....
Giuliana	è andata	I miei figli	....

Facciamo il punto

VERBI CON L'AUSILIARE " ESSERE " - DESINENZE DEL PARTICIPIO PASSATO

Che cosa cambia quando l'ausiliare è **essere**? *(Cfr. pag. 231 III)*
....
Le desinenze del participio passato con l'ausiliare **essere** sono *(cfr. pag. 231 III)*:

MASCHILE		FEMMINILE	
SING.	PLUR.	SING.	PLUR. ......

> **m) Scegli la forma giusta per completare le frasi:**

1. Le lezioni sono (finiti/finite/finito) un'ora fa.
2. Il fax di conferma è appena (arrivato/arrivata/arrivate).
3. Sono già (partite/partiti/partito) Mario e Lorenza?
4. Finalmente il tempo è (cambiato/cambiate/cambiata).
5. La cena di ieri sera mi è (piaciuto/piaciuta/piaciuti) molto.
6. Mi sono (piaciuti/piaciute/piaciuto) soprattutto i cannelloni al basilico.
7. La riparazione del tetto mi è (costato/costate/costata) moltissimo.
8. Finalmente siamo (riuscito/riusciti/riuscita) a trovare l'appartamento giusto!

Non dimenticare!

Essere, piacere, costare, servire, riuscire, ingrassare, dimagrire, (... e non solo!) formano il passato prossimo con l'ausiliare **essere**. *(Per i verbi riflessivi vedi cap. 11)*

> **n) Completa il testo col passato prossimo dei seguenti verbi:** *guardare, essere, salire, durare, arrivare, piacere, finire, seguire, spegnere, dire, riuscire.*

Ieri .... il nuovo televisore. È solo mio. .... le discussioni con mia figlia che vuole sempre guardare i quiz e le telenovelas. Ieri sera, per la prima volta, ... indisturbata un documentario sugli animali australiani che .... quasi due ore. Dopo cena, ... in camera mia, ... tutte le luci e, comodamente accoccolata in poltrona, ... tutta la trasmissione sognando di partire per l'Australia la prossima estate.
Questo acquisto non .... a mio marito: (lui) .... che tre televisori per tre persone sono un'esagerazione ma (io) .... finalmente a fargli capire che .... proprio la sua abitudine di cambiare programma ogni cinque minuti a farmi prendere questa decisione.

PRINCIPALI VERBI IRREGOLARI CON L'AUSILIARE "ESSERE"
Osserva

o) Riporta qui di seguito le forme del participio passato dei verbi e scrivi tra parentesi l'infinito corrispondente:

..........successo..............   (..succedere..)   ....   (................)
....   (................)   ....   (................)
....   (................)   ....   (................)
....   (................)   ....   (................)

Facciamo il punto

PARTICIPIO PASSATO DEI PRINCIPALI VERBI IRREGOLARI CON L'AUSILIARE "ESSERE"

Succedere, esplodere, rimanere, ecc., sono verbi irregolari. Ricordi il participio passato di altri verbi irregolari che si coniugano con l'ausiliare **essere**? *Completa (Cfr. pag. 231 IV):*

I verbi sono raggruppati secondo il tipo di irregolarità.

INIFINITO	PARTICIPIO PASSATO
essere	stato !!
stare	!!
nascere	
esplodere	esploso
scendere*	
dipendere	
correre*	corso
emergere	
apparire	
valere	

INFINITO	PARTICIPIO PASSATO
morire	morto
sorgere	
giungere	giunto
venire	venuto
vivere*	
rimanere	rimasto
succedere	successo

* **scendere, correre, vivere** possono avere anche l'ausiliare **avere** (*Cfr. pag. 229*)

> **p) Volgi al passato prossimo le parti sottolineate:**

Il sabato di Laura
1. Oggi <u>vado</u> a fare la sauna e <u>rimango</u> tutta la mattina in piscina.
   ....

2. Verso l'una <u>torno</u> a casa, <u>mangio</u> qualcosa di leggero (in questo periodo <u>ingrasso</u> un po' troppo) e poi <u>esco</u> per fare la spesa.
   ....
   ....

3. Nel pomeriggio <u>vengono</u> le mie sorelle a prendere un caffè.
   ....

4. Più tardi <u>arriva</u> anche il mio ragazzo e <u>usciamo</u> con lui e i suoi amici.
   ....

5. <u>Stiamo</u> bene insieme e ci <u>piace</u> molto fare progetti di viaggi per la prossima estate.
   ....

q) Completa le seguenti frasi con le forme giuste di *essere* o *avere*:

1. Il notaio ………… diviso equamente la proprietà, ma i miei non ………… stati contenti.

2. Anche se (io) ………… ricevuto istruzioni precise, non ………… riuscito a trovare la strada.

3. Stanotte ………… caduta tanta neve che (loro) ………… rinunciato a partire.

4. Il dischetto che mi ………… prestato Lucio mi ………… servito moltissimo.

5. Il film ………… finito alle 20 e così (noi) ………… andati in trattoria.

6. (Tu) ………… visto quanto ………… dimagrita Flavia? Ma cosa le ………… successo?

Non dimenticare!

Alcuni verbi prendono **avere** o **essere**.

- Verbi come: **cambiare, cominciare, correre, finire, salire, scendere, vivere, ecc.**
  a seconda del loro uso transitivo o intransitivo.
  Es. Gigi **ha** cambiato casa.   Il programma **è** cambiato.
       Quest'atleta **ha** corso i 100 metri.   Tommaso **è** corso alla stazione.
       Ho vissuto una brutta esperienza.   Il nonno **è/ha** vissuto a lungo.

- Verbi che descrivono fenomeni atmosferici.
  Es.: Ieri **ha /è** piovuto tutto il giorno.   (indifferentemente!)

- I verbi **dovere, potere, volere** seguiti da un infinito.
  Es.: **Siamo** dovuti partire subito.   **Abbiamo** dovuto partire subito
       È preferibile usare l'ausiliare richiesto dal verbo principale (partire + essere), ma nella lingua parlata si usano entrambe le forme.

r) Racconta la domenica di Piero basandoti sulle immagini:

Domenica scorsa, durante la notte, ... molto. La mattina presto, dopo un'abbondante colazione Piero .... gli sci dal garage ed .... per Cortina d'Ampezzo.
C'era un sole stupendo e Piero .... fino alle 15; poi, in una piccola baita .... un panino e .... una grappa.
Poco dopo il tempo .... : improvvisamente sono comparse le nuvole. Allora Piero .... al parcheggio in funivia ed .... a casa. .... la doccia e poi .... i messaggi sulla segreteria telefonica. Che bella sorpresa: Rosanna gli proponeva di andare in pizzeria! .... subito l'invito e, con il suo nuovo giaccone scozzese, ... di casa.

Concludendo

- La maggior parte dei verbi forma il passato prossimo con **avere**

- Si coniugano con **essere**:

  > – i verbi riflessivi
  >   (Flora si è lavata)
  >
  > – la maggior parte dei verbi che indicano movimento
  >   (Noi siamo usciti)*
  >
  > – i verbi che indicano uno stato in luogo
  >   (Tu sei rimasto a casa)
  >
  > – verbi come bastare, costare, dimagrire, ingrassare, piacere, riuscire, servire, occorrere, sembrare, ...
  >   (Il film non mi è piaciuto)
  >
  > – i verbi in forma impersonale
  >   (Ieri sera si è fatto tardi)
  >
  > * *Attenzione:* Abbiamo camminato/viaggiato molto.

- Si coniugano con **avere** o **essere**:

  > – verbi come aumentare, diminuire, cambiare, cominciare, finire, scendere, salire, passare, correre, suonare, ..., che possono essere usati in forma transitiva o intransitiva.
  >   (Ho finito la traduzione/La commedia è finita)
  >
  > – i verbi modali
  >   (Ha dovuto prendere un taxi /È dovuta andare a piedi)
  >
  > – i verbi che indicano fenomeni atmosferici
  >   (Ha/è nevicato tutta la notte)

N.B.: Per l'uso del passato prossimo vedi Capitolo n. 13.

CAPITOLO 8

FUTURO SEMPLICE DI "ESSERE" E "AVERE" E DEI VERBI REGOLARI
FUTURO SEMPLICE DEI PRINCIPALI VERBI IRREGOLARI
FUTURO COMPOSTO
USO DEL FUTURO

FUTURO SEMPLICE DI "ESSERE" E "AVERE" E DEI VERBI REGOLARI
Osserva

Di che segno sei?

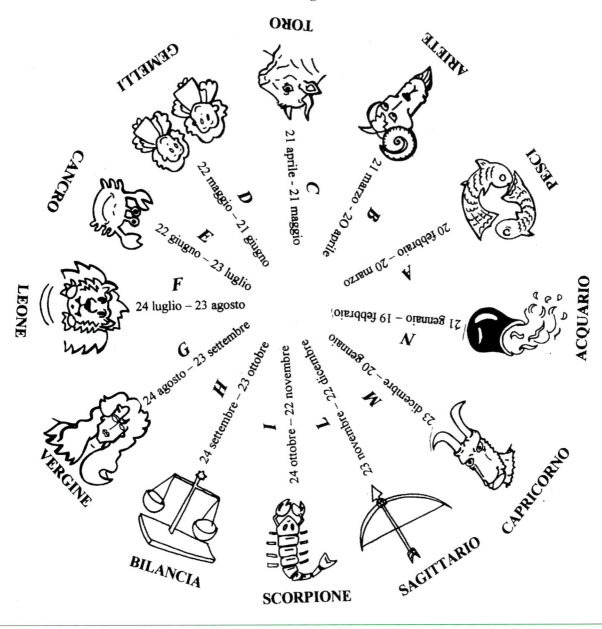

a) Leggi l'oroscopo dei diversi segni, combina le lettere e i numeri e sottolinea le forme del futuro:

L'OROSCOPO per il prossimo anno.

LETTERA

1. I nati sotto il segno dell'**Ariete** <u>avranno</u> fortuna nella vita professionale.   ..B..
   Saturno non aiuta la vita amorosa. <u>Saranno</u> favoriti gli acquisti immobiliari.
2. Non sarà facile per i **Gemelli** concludere affari e prendere iniziative.   ....
   Meglio dedicarsi alla cura del corpo e al riposo.
3. Anno fortunato per voi, nati nel segno del **Sagittario**! Venere favorirà le relazioni amo-   ....
   rose: incontrerete il partner ideale.
   Buone le prospettive anche sul piano finanziario e professionale.
4. **Cancro**: molte novità per i nati nella seconda decade di luglio.   ....
   Chi desiderava cambiare lavoro avrà l'occasione di farlo.
5. Fortunatissimi per tutto l'anno i nati sotto il segno del **Toro**!   ....
   Avrete la possibilità di realizzare finalmente un desiderio che avevate da tempo: un
   lungo viaggio o la costruzione della casa dei vostri sogni.
6. Qualche piccolo problema di salute per voi della **Vergine**.   ....
   Sorvegliate la dieta e fate movimento. Riuscirete finalmente a concludere affari che
   sembravano sul punto di fallire.
7. L'anno comincerà magnificamente per i **Pesci**. In giugno, però, Giove entrerà nel se-   ....
   gno e le cose cambieranno un po'.
   Ma se non perderete la calma sarete ricompensati.
8. Per i nati sotto il segno della **Bilancia** tutto cambierà.   ....
   Basta con frasi come "Non sarò fortunato neanche quest'anno" o "Non avrò mai i ri-
   sultati che speravo". È il vostro grande momento!
9. Caro **Capricorno**, finalmente avrai il successo professionale che meriti.   ....
   Attenzione alle allergie e ai tradimenti da parte degli amici. Sarai motivo di gelosia per
   qualcuno.
10. I nati sotto il segno dello **Scorpione** troveranno l'energia necessaria a concludere pro-   ....
    getti iniziati molto tempo fa. Stabili le situazioni affettive.
11. Non si presenta fantastico per noi **Acquari** il prossimo anno. Non saremo favoriti dagli   ....
    astri almeno fino a luglio. Solo in autunno avremo la possibilità di raccogliere i frutti
    del nostro impegno.
12. Cari **Leoni** mettete fuori tutta la vostra carica. Sarete sostenuti dagli astri in tutti i cam-   ....
    pi. Avrete buona salute, energia, entusiasmo.

Riporta le forme del futuro di **essere** e **avere** corrispondenti ai pronomi soggetto:
(Cfr. pag. 232 I)

ESSERE	AVERE
io	io ....
tu	tu ....
lei/lui	lei/lui ....
noi	noi ....
voi	voi ....
loro	loro ....

CAPITOLO 8

b) Inserisci nei cerchi le forme del futuro della I, II e III coniugazione degli altri verbi incontrati nell' oroscopo:

I
l'anno comincerà
Giove ....
tutto ....
voi ....
le cose ....
loro ....

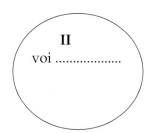

II
voi ....

III
Venere ....
voi ....

c) Completa la coniugazione del futuro di cambiare (I), perdere (II) e riuscire (III) aiutandoti con le le forme già indicate:

io cambierò
tu ....
lei/lui ....
noi cambieremo
voi cambierete
loro ....

io ....
tu ....
lei/lui perderà
noi ....
voi ....
loro ....

io riuscirò
tu ....
lei/lui ....
noi ....
voi ....
loro riusciranno

Facciamo il punto

FUTURO SEMPLICE DEI VERBI REGOLARI
Il futuro semplice si forma dall'infinito aggiungendo al tema del verbo le desinenze *(cfr. pag. 232 II)*:

	I CONIUGAZIONE -ARE	II CONIUGAZIONE -ERE	III CONIUGAZIONE -IRE
io	-erò	-erò	-irò
tu	-..........	-..........	-..........
lei/lui	-..........	-..........	-..........
noi	-..........	-..........	-..........
voi	-..........	-..........	-..........
loro	-..........	-..........	-..........

d) Completa le seguenti frasi con le forme del futuro dei verbi tra parentesi:

1. A chi ...scriverai... (SCRIVERE) tutte le cartoline che hai comprato?
2. Quando ...finiranno... (loro FINIRE) i lavori nella casa di campagna?
3. In TV hanno detto che l'inverno ...sarà... (ESSERE) freddissimo.
4. Mi ...ricorderò... (RICORDARE) sempre le favole che mi raccontava mia madre.
5. Non so se il capo mi ...permetterà... (PERMETTERE) di prendere ancora qualche giorno di ferie.
6. In agosto ...partiremo... (noi PARTIRE) per la Norvegia.
7. Non credo che Antonio e Federico ...riusciranno... (RIUSCIRE) a laurearsi a giugno.
8. Appena ...riceverò... (io RICEVERE) notizie importanti vi ...chiamerò... (CHIAMARE).
9. Questo lavoro non è urgente, puoi farlo quando ...avrai... (tu AVERE) tempo.
10. Beati voi! Domani a quest'ora ...sarete... (ESSERE) a Barcellona.
11. Se gli avvocati me lo ...chiederanno... (CHIEDERE), ...invierò... (io INVIARE) la testimonianza scritta al tribunale.
12. Siamo così stanchi che ...dormiremo... (DORMIRE) senza problemi.

Non dimenticare!

- **I verbi in -care, -gare** si scrivono con l'**h** davanti alla desinenza (per tutta la coniugazione)
  Es.: indicare: io indic**h**erò, tu indic**h**erai ecc..
- **I verbi in -ciare, -giare**, perdono la **i** prima della desinenza.
  Es.: lasciare: io lascerò, tu lascerai ecc.. *eccezione: sciare (io scierò)

e) Completa il diagramma con le forme dei seguenti verbi coniugati come indicato tra parentesi:

1. baciare (tu), 2. mancare (loro), 3. indagare (noi), 4. viaggiare (io), 5. alloggiare (voi), 6. lanciare (lui), 7. pagare (voi), 8. rovesciare (loro).

f) Completa le frasi della colonna a destra con il futuro dei verbi tra parentesi:

OGGI...	FRA VENT'ANNI...
...facciamo la spesa al supermercato.	... . (ORDINARE) tutto via computer al mercato virtuale.
...in casa ci aiuta la colf.	... ci .... (AIUTARE) un robot multifunzionale.
...andiamo a lavorare in macchina o in autobus.	... non .... (USCIRE) di casa, ma ci .... (COLLEGARE) alla rete rimanendo, magari, in pigiama.
...le città si sviluppano sul piano.	... ci .... (ESSERE) interi quartieri sotto terra.
...prepariamo diversi piatti per il pranzo o la cena.	... .(INGOIARE) pillole di varie forme e colori.
...dobbiamo ricorrere al chirurgo per lifting e interventi estetici.	... non .... (INVECCHIARE) più, perché già da da bambini .... (PRENDERE) compresse antietà.

FUTURO SEMPLICE DEI PRINCIPALI VERBI IRREGOLARI

Leggi la lettera

Milano, 25 agosto

Cara Rossella,

scusa se non ti ho scritto prima, ma solo adesso la notizia è finalmente sicura: **andrò** a lavorare a Oxford come lettrice d'italiano.
Ho firmato ieri il contratto e spedito tutti i documenti. Sono felicissima.
Partirò il 5 settembre, quindi non ho molto tempo per i preparativi e non **verrò** a Roma come previsto il prossimo fine settimana per il raduno di Avventure nel mondo.
A Oxford insegnerò la lingua italiana ai principianti e **terrò** corsi di letteratura e conversazione per i livelli più avanzati.
Rimarrò sicuramente per 2 semestri e in seguito avrò la possibilità di rinnovare il contratto ancora per un anno.
Per il primo mese **starò** presso una famiglia che conosco, ma poi **dovrò** cercare un'altra sistemazione.
Tra i due semestri c'è una pausa di tre settimane. Perché non fai un salto qui, magari con Francesco, (sempre se **vorrà** staccarsi dai suoi amati esperimenti di laboratorio)?
Da Roma ci sono voli convenientissimi per Londra. Devi solo prenotare con abbondante anticipo. Dai, cerca di venire, **vedrai** che ci divertiremo!
Appena arrivata a Oxford mi **farò** viva e ti **darò** il mio indirizzo.
        Un bacione

Tania

> g) Riporta le forme del futuro presenti nel testo e scrivi tra parentesi l'infinito corrispondente:

io andrò .... (....................) .... (....................)
.... (....................) .... (....................)
.... (....................) .... (....................)
.... (....................) .... (....................)
.... (....................) .... (....................)

Facciamo il punto

FUTURO SEMPLICE DEI PRINCIPALI VERBI IRREGOLARI

✓ 1) Che cosa succede ai verbi **fare, stare, dare** e ai loro composti? *(Cfr. pag. 232 III)*

....

	FARE	STARE	DARE
io	....	....	....
tu	....	....	....
lui/lei	....	....	....
noi	....	....	....
voi	....	....	....
loro	....	....	....

✓ 2) E ai verbi come **andare, potere, dovere**? *(Cfr. pag. 232 III)*

....

andare	andrò
cadere	
dovere	
potere	
sapere	
vedere	
vivere	

es: ANDARE
io andrò
tu ....
lui/lei ....
noi ....
voi ....
loro ....

✓ 3) E ai verbi come **venire, tenere, volere**? *(Cfr. pag. 233 III)*

....

bere	berrò
parere	
porre	
rimanere	
tenere	
valere	
volere	
venire	

es: VENIRE
io verrò
tu ....
lui/lei ....
noi ....
voi ....
loro ....

h) Completa le seguenti frasi col futuro dei verbi tra parentesi:

1. Quando .... (voi VENIRE) in Italia, vi ospiterò con molto piacere.
2. Ti preparerò una cena speciale se .... (RIMANERE) da noi sabato sera.
3. .... (POTERE) fare una relazione della vostra visita al laboratorio di analisi se lo .... (RITENERE) opportuno.
4. Se .... (PREVALERE) la linea dura, che esclude ogni compromesso con i banditi, ci .... (POTERE) essere seri pericoli per la vita degli ostaggi.
5. Appena finiti i lavori, ... (noi BERE) al successo del progetto.
6. Se la ditta mi .... (PROPORRE) il trasferimento a Londra, ci .... (ANDARE) molto volentieri.
7. Marta, se non la smetti di salire e scendere da quella panchina, ... (CADERE)!

i) Completa il testo seguente:

L'anno prossimo io e i miei amici .... (ANDARE) a New York per Capodanno. .... (PARTIRE) dopo Natale e .... (RIMANERE) negli Stati Uniti per due settimane. .... (CERCARE) di vedere tutto quello che da molto tempo desideriamo visitare. .... (FESTEGGIARE) l'arrivo del nuovo anno in Times Square e .... (BALLARE) con la gente in piazza.
Forse Giulio non .... (POTERE) venire con noi perché i suoi genitori .... (TRASLOCARE) proprio alla fine di dicembre e lui .... (DOVERE) aiutarli. Quanto mi dispiace! Io vado molto d'accordo con lui e credo che mi .... (MANCARE) soprattutto il suo modo di scherzare.
Siamo tutti eccitatissimi e quando ci vediamo non parliamo d'altro: chi .... (PRENOTARE) i voli, chi .... (SCEGLIERE) l'hotel, che tipo di vestiti .... (DOVERE) portare, che acquisti .... (POTERE) fare, ecc.
È la prima volta che vado negli Stati Uniti e non vedo l'ora di fare questa esperienza.

FUTURO COMPOSTO

Osserva

Quali sono le congiunzioni usate per introdurre il futuro composto?

> **l) Riportale qui di seguito e poi ricopia le forme del futuro composto accanto ai pronomi soggetto:**

1. __appena__   2. _____   3. _____   4. _____

io ....   loro ....   noi ....   tu ....

Facciamo il punto

FUTURO COMPOSTO = FUTURO DELL'AUSILIARE + PARTICIPIO PASSATO *(Cfr. pag. 233 IV)*
Es.: avrò finito   sarò arrivat**o**/**a***

> **m) Completa i dialoghi con il futuro composto dei verbi tra parentesi:**

1. "Allora, siete pronti al grande acquisto?"
   "Eh, no, potremo comprare l'appartamento, solo quando .... (VENDERE) la casa dei nonni."
2. "Pietro, mi raccomando, fammi sapere com'è andato il viaggio con la nebbia che c'è..."
   "Non preoccuparti mamma, ti telefonerò appena .... (ARRIVARE) all'hotel."
3. "È fantastica, ma quanto costa?"
   "Ti dirò il prezzo dopo che l' .... (noi PROVARE)."
4. "Hai telefonato in segreteria?"
   "Sì, hanno detto che quando .... (PAGARE) la quota d'iscrizione ti iscriveranno al corso."

* Il participio passato si concorda secondo le regole incontrate nel capitolo n. 7.

n) Completa il testo con il futuro semplice o composto dei verbi tra parentesi:

Il nuovo Villaggio Olimpico .... (POTERE) ospitare 20.000 persone. Gli atleti .... (ALLOGGIARE) nel quartiere Sud-Ovest, non lontano dal palazzetto della piscina. Appena i lavori .... (TERMINARE) il sindaco .... (INAUGURARE) il villaggio con una solenne cerimonia all'aperto, se il tempo lo .... (PERMETTERE). In caso di pioggia l'inaugurazione .... (AVERE) luogo nel salone delle feste. Dopo che il sindaco .... (PARLARE), le nazioni partecipanti .... (PRESENTARE) le loro squadre e alcuni atleti si .... (ESIBIRE) in saggi della loro specialità. La cerimonia si .... (CONCLUDERE) con un concerto di musica classica diretto dal maestro Prandi.

USO DEL FUTURO

Non dimenticare!

Per esprimere un'azione futura, accompagnata da un complemento di tempo come **domani, più tardi, dopo, la settimana prossima** ecc, ... in italiano si preferisce usare il **presente indicativo**.
Es. Questo lavoro lo faccio domani.
    Sabato prossimo andiamo a Parigi.

Il futuro si usa:
- Per fare previsioni:
  Es. Domani il tempo sarà perturbato e la temperatura scenderà sotto lo zero.
- Per fare progetti (sicuri) e formulare propositi:
  Es. Ci sposeremo il 20 aprile e faremo il viaggio di nozze in Canada.
      Da lunedì andrò in palestra tre volte alla settimana e smetterò di fumare.
- Per fare supposizioni/ipotesi:
  Es. "Sai che ora è?" "No, ma saranno circa le tre".
      Non risponde nessuno: saranno già usciti*?
- Per esprimere scetticismo.
  Es. Tu trovi interessante la trasmissione del sabato sera? Sarà, ma a me fa venire sonno.

o) Fai delle supposizioni utilizzando il futuro composto:

1. "Di chi è questa sciarpa? Non l'ho mai vista!"
   "L' .... (DIMENTICARE) Rosalba che era così stanca ieri sera."
2. "Non ho ancora ricevuto il fax di conferma dall'agenzia. Che dici, ... (loro FARE) la prenotazione"?
   "Secondo me hanno prenotato i posti e si sono dimenticati di confermare."
3. "I ragazzi arrivano verso le 21, che dici, ... (CENARE)?"
   "Penso di sì, si .... (loro FERMARE) in un autogrill, sai che Fulvio li adora."

* Come hai già potuto notare **il futuro anteriore** è usato per indicare un'azione precedente a un'altra espressa col futuro semplice, ma serve anche per fare supposizioni e ipotesi!

p) Completa con il futuro semplice o composto o con il presente, dove è possibile:

.... (ARRIVARE) oggi a Milano le top model più pagate del mondo per le sfilate dell'alta moda italiana. Ci .... (ESSERE) il solito pigia-pigia di fotografi e curiosi davanti all'hotel dove .... (ABITARE) per cinque giorni. Molta attesa quest'anno per le "pantere nere" che .... (SFILARE) per Klizia, Preda e Ormoni.
.... (COMINCIARE) domani Poveri con una collezione studiata per la donna bambina con collane di caramelle, abiti di pannolenci e marsupi con orsacchiotti. Laetitia Pasta, appena arrivata da Sanremo, ... (INDOSSARE) gli abiti di Marziani e .... (PRESENTARE) anche abiti da sposa trasparenti per un'altra stilista. Quando .... (TERMINARE) di provare, sfilare, truccarsi, cambiarsi e digiunare, le modelle .... (RICEVERE) ciascuna un cospicuo compenso che .... (ANDARE) ad arricchire i loro conti in banca.

INTERMEZZO 3

DA FRA/TRA FA

Leggi

1. "Ciao Luisa, ancora in bicicletta?"
   "Sì, ma ancora per poco; **tra** un mese avrò la patente."

2. "Allora, ti sei divertita ieri sera?"
   "Non tanto, sai, ero seduta **fra*** Tiziana e Martina che hanno chiacchierato a cascata tutta la sera…"

3. "Ciao Marco, non pensavo proprio di incontrarti al mercato!"
   "Perché no? **Da** quando abito in questo quartiere ci vengo ogni sabato."

4. Luigi, non possiamo continuare a vivere così! Sei arrivato ieri **da** Londra e riparti domani per Amsterdam. Non puoi cambiare lavoro?

5. Detto **fra** noi, Gianni non capisce niente di economia.

6. "Hai un bel taglio di capelli. **Da** quale parrucchiere vai?"
   "**Da** Lello."

7. "Quando ha ricevuto la lettera del Comune?"
   "Due giorni **fa**."

N.B.: Le preposizioni **da**, **tra/fra** possono avere diverse funzioni (tempo, luogo, relazione, ecc.).

a) Riporta il numero del dialogo accanto al complemento espresso:

tempo	....
luogo	....
relazione	....

b) Completa con *da* o *fra/tra*:

1. Dobbiamo traslocare .... due settimane e non abbiamo ancora le chiavi del nuovo appartamento.
2. Mio marito andrà a Parigi .... qualche giorno e io lo raggiungerò .... un mese.
3. "............ quanto tempo giochi a squash?"
   "............ più di dieci anni."

* Si preferisce usare **fra** quando nella frase ci sono molte **t** e **tra** se ci sono molte **f**.

4. Franco e Caterina sono sposati .... 25 anni.
5. Ragazze, vi aspetto a casa per un caffè e una chiacchierata .... donne.
6. Il negozio che cerchi si trova .... il cinema e il panificio.
7. La mia famiglia viene .... Ancona.
8. Siamo andati a piedi .... casa alla stazione perché avevamo pochi bagagli.
9. Stasera resto a dormire .... mia madre.
10. .... me e Carlo ci sono tre anni di differenza.

c) Scegli la soluzione giusta:

Dove si mette **fa**?
❑ tre ore ❑

Fa si usa sempre per indicare un'azione presente ❑
passata ❑
futura ❑

d) Completa il testo con *fra/tra, da* o *fa*:

Cara Lalla,

sono arrivata a Piacenza tre settimane .... La città mi piace molto e la scuola dove lavoro non è troppo grande. I colleghi mi sembrano simpatici e .... quando sono arrivata molti mi invitano a cena o mi propongono di uscire con loro.
Per il momento abito .... una signora che mi ha affittato una camera per due mesi.
Non mi piace abitare in casa di qualcuno e sto cercando disperatamente un piccolo appartamento tutto per me. Ne ho visto uno molto carino qualche giorno ...., ma è troppo lontano dal centro e, come sai, non ho ancora la macchina qui. .... due giorni vado a visitare un monolocale che si trova proprio nella piazza principale di Piacenza, ... il Duomo e il Comune; speriamo bene.
Se non è troppo caro, penso di trasferirmi appena possibile, perché .... un mese Marco ritorna .... Marsiglia e vuole venire a trovarmi. Pensa che noia ricevere il mio ragazzo in casa d'altri. Pensa che la mia padrona di casa controlla quante docce al giorno faccio e proprio mezz'ora .... è venuta a dirmi che mi lavo troppo.
È maniaca: la sopporto .... tre settimane, ma ora basta. Spero di andarmene al più presto.
Appena ho un posto solo mio ti inviterò a passare un fine settimana .... me.
Tanti baci.

Francesca

CAPITOLO 9
PREPOSIZIONI ARTICOLATE

Leggi il testo seguente

Sulla spiaggia di Scilla aspettando il tramonto.
Seduti **sugli** scogli più alti i bagnanti si lasciano spruzzare **dalla** schiuma **delle** onde
che arriva bianchissima sospinta **dal** vento di maestrale.
Nel porticciolo si dondolano barche colorate fissate **agli** ormeggi.
Nell'acqua riflessi di cristallo.
All'orizzonte la sagoma bruna di Cariddi e uno spicchio di sole.
Il richiamo **delle** sirene si confonde con il grido **dei** gabbiani.
E cala la sera.

a) Continua tu:

sulla (spiaggia)	= su + la		agli (ormeggi)	= a + gli
sugli (scogli)	= su + gli		nell' (acqua)	= in + l'
dalla (schiuma)	= da + la		all' (orizzonte)	= a + l'
delle (onde)	= di + le		delle (sirene)	= di + le
dal (vento)	= da + il		dei (gabbiani)	= di + i
nel (porticciolo)	= in + il			

Facciamo il punto

PREPOSIZIONE ARTICOLATA = PREPOSIZIONE SEMPLICE + ARTICOLO DETERMINATIVO.
Completa (cfr. pag. 233 I):

	il	lo	l'	la	i	gli	le
di*	del						
a	al						
da	dal						
in*	nel						
su	sul						
con**	col						
per**	per il						
tra/fra**	tra/fra il						

*N.B: di + il = del
  in + il = nel

**N.B : con + il = col
   con + i = coi
   (In tutti gli altri casi non è consigliabile combinare l'articolo con la preposizione).
   Es.: con lo, con l', con la , ecc.

   per + il = per il
   tra/fra + il = tra/fra il
   (In questi casi la preposizione non si combina mai con l'articolo)

b) Inserisci le seguenti preposizioni articolate al posto giusto:

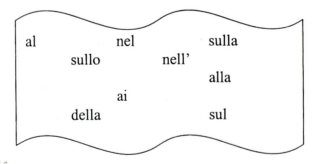

al   nel   sulla
sullo   nell'
   alla
   ai
della   sul

1. Ho telefonato ...alla... dottoressa Anceschi ma non ho potuto cambiare l'appuntamento.
2. Walter ha offerto l'aperitivo ...ai... suoi colleghi.
3. I fumetti sono ...sullo... scaffale più alto.
4. "Avete visto i miei guanti?" "Sono lì, ...nel... cesto."
5. Le chiavi sono appese ...al... muro.
6. Ecco, questo è l'indirizzo ...della... sarta.
7. Ho messo tutti i dischi ...sul... tavolo.
8. Hai lasciato tu il portafoglio ...sulla... poltrona?
9. Dario, metti i maglioni ...nell'... armadio!

c) Completa:

1. Dove hai messo le posate? .... credenza, in soggiorno.
2. Ho incontrato Marta .... mercato e le ho offerto un caffè .... bar .... teatro.
3. Non dimenticare di portarmi le foto .... tua festa.
4. Mi sembra di vedere qualcuno .... tetto di quella casa.
5. Ieri sera mi sono addormentata .... vasca da bagno.
6. Ci vediamo domani .... stadio.
7. Dammi il numero .... tuo cellulare, così ti chiamo appena scendo .... aereo.
8. Ogni volta che mangio la pasta .... amatriciana, ho problemi di digestione.
9. Questa è la casa .... amici di Fabrizio.
10. Mi dai la ricetta .... cozze gratinate che ho mangiato da te sabato?

d) Che si mangia "da Dino"? Metti in ordine gli elementi per definire i nomi dei vari piatti. Qual è l'abbinamento più probabile?

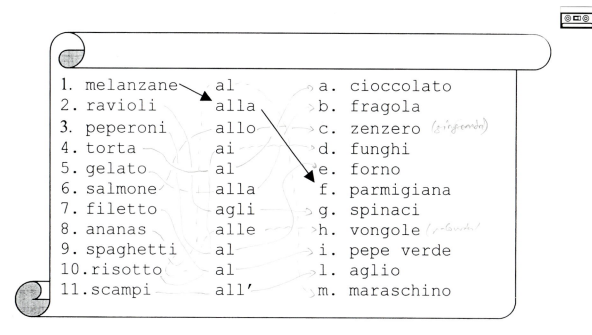

```
1.  melanzane    al      a. cioccolato
2.  ravioli      alla    b. fragola
3.  peperoni     allo    c. zenzero
4.  torta        ai      d. funghi
5.  gelato       al      e. forno
6.  salmone      alla    f. parmigiana
7.  filetto      agli    g. spinaci
8.  ananas       alle    h. vongole
9.  spaghetti    al      i. pepe verde
10. risotto      al      l. aglio
11. scampi       all'    m. maraschino
```

e) Completa il testo con le preposizioni adatte (semplici o articolate):

La mia giornata lavorativa non è pesante. Comincio .... lavorare .... 11 e finisco .... 16. Sono responsabile .... mensa di una scuola elementare .... mio quartiere.
La mattina posso fare con comodo, quindi non mi alzo mai prima .... 8. In genere non faccio colazione, prendo solo un caffè e leggo con calma il giornale.
.... 9 .... 10 mi lavo, mi vesto e faccio qualche telefonata. Esco .... casa verso le 10.30, passo .... supermercato, se è necessario, e poi vado .... lavoro.

......Dalle...... 11 ......alle...... 12 controllo il menu, la disposizione ......dei...... tavoli, la pulizia ......della...... sala.
......A...... mezzogiorno arrivano i bambini e ......per...... circa un'ora io e i miei colleghi siamo occupatissimi, a volte un po' stressati. ......All'...... una e mezza sparecchiamo, organizziamo il menu ......del...... giorno seguente e poi facciamo uno spuntino insieme. Prima di andare ......a...... casa, diamo istruzioni ......ai...... cuochi e prepariamo la sala ......per...... il giorno dopo. Il venerdì finiamo ......di...... lavorare ......alle...... 14, perché il sabato la mensa è chiusa.

CAPITOLO 10

AGGETTIVI POSSESSIVI
PRONOMI POSSESSIVI

AGGETTIVI POSSESSIVI
Osserva

a) Abbina articolo, aggettivo possessivo e sostantivo alla persona corrispondente:

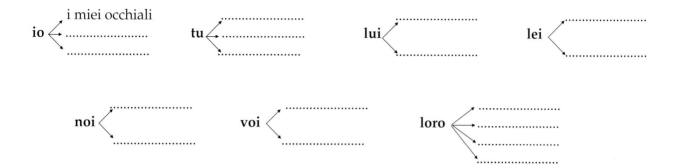

Non dimenticare!
Di norma l'aggettivo possessivo è preceduto dall'articolo! Es.: la mia casa; il mio ufficio, ecc.

Facciamo il punto

AGGETTIVI POSSESSIVI
Completa e aggiungi gli aggettivi che non hai trovato nelle vignette (cfr. pag. 233 I):

	io	tu	lui	lei	noi	voi	loro
M. sing.	mio	tuo	suo	suo	nostro	vostro	suo / loro
F. sing.	mia	tua	sua	sua	nostra	vostra	sua / loro
M. plur.	miei	tuoi	suoi	suoi	nostri	vostri	suoi
F. plur.	mie	tue	sue	sue	nostre	vostre	sue

Attenzione alla forma di cortesia!

Osserva

1. Dottor Pasini, qual è il Suo indirizzo?
2. Ecco i Suoi biglietti, signora!
3. Signori Pozza, c'è ancora un posto nella Vostra macchina?
4. Mi dispiace, signori, ma non trovo la Loro ricevuta di pagamento.

Facciamo il punto

AGGETTIVI POSSESSIVI (FORMA DI CORTESIA)
Completa (cfr. pag. 234 II):

	Lei	Voi	Loro
M. sing.	Suo	Vostro	"
F. sing.	Sua	—a	"
M. plur.	Suoi	Vostri	"
F. plur.	Sue	—e	"

b) Completa con gli aggettivi possessivi e i loro articoli:

1. Dove tenete i vostri (outils de bricolage) attrezzi da lavoro?
2. Se volete vi prestiamo il nostro forno a microonde.
3. Mamma, mi fai assaggiare le (costei) tue tagliatelle?
4. Isabella vuole andare in Sardegna con la sua collega olandese.
5. Signore, mi può dare il Suo codice fiscale?
6. Ma perché i Rossini invitano tanta gente? Il loro appartamento è così piccolo!
7. Secondo Fabio la paninoteca "Lo spuntino" è fantastica ; vorrei provarla perché i suoi consigli sono sempre validi.
8. Mi dai il tuo numero di telefono, Cristina?
9. Stasera ti presento i miei amici russi che ho conosciuto a San Pietroburgo l'estate scorsa.
10. Guarda quanti turisti, tutti con le loro macchine fotografiche !
11. Mi fai sentire i tuoi nuovi CD?
12. Mi dispiace, signor Binni, le Sue condizioni di vendita non sono interessanti per la mia ditta.
13. "Sono queste le vostre / loro valige, signori?" "No, no, le nostre valige sono quelle laggiù."
14. Gentili Signori, abbiamo ricevuto il Vostro e-mail e rispondiamo immediatamente alla Vostra / la Vostra richiesta.

c) Completa:

"Allora, in quanti sarete a pranzo?"
"In dodici : Ada ed io, le nostre figlie, le mie sorelle con i loro mariti e Matteo con i suoi genitori." (beaux-parents)
"Non vengono i tuoi suoceri?" s'occuperà
"No, per fortuna! Sono ancora in Spagna : badano ai loro nipotini, perché Stella ha trovato lavoro nella ditta dei suoi zii, a Madrid".

Osserva

Davide, ti presento la mia famiglia: mio nonno, mio fratello Mauro con la sua fidanzata Nicoletta, mia madre, mia zia, suo marito e i miei cugini.

Facciamo il punto

Completa

Quando l'aggettivo possessivo precede un nome **singolare** che indica un membro della famiglia l'articolo ...*cade*... . *(Cfr. pag. 234 III)*
(tombe)

Non dimenticare!

SING.	PLUR.
mio zio	**i** miei zii
tuo zio	**i** tuoi zii
suo zio	**i** suoi zii
nostro zio	**i** nostri zii
vostro zio	**i** vostri zii

  !! **Il loro** zio   **i** loro zii

mia madre	(**la**) mia mamma
mio padre	(**il**) mio papà / babbo *(in Toscana)*
mio fratello	**il** mio fratellino
mia sorella	**la** mia sorella maggiore
mia nonna	**la** mia vecchia nonna
mio cugino	**il** mio cugino di Napoli

111

- mio figlio   **il** mio bambino
  mia moglie   **la** mia compagna
                  la mia famiglia

- Non si usa l'aggettivo possessivo quando il rapporto di appartenenza è chiaro.
  Es.: Andrea si è rotto la ~~sua~~ gamba.
        Accidenti: ho perso il ~~mio~~ portafoglio!

d) Cerca gli errori:

1. Sabato Marilena non può venire a teatro perché i suì suoceri dormono da lei.
2. "Dove lavorano i tuoi figli, signora Alberti?" "Mio figlio lavora in banca e mie figlie sono tutte e due insegnanti."
3. "Come sta tua sorellina, Bruno?" "Benissimo. Adesso è in Inghilterra da nostra zia."
4. Domenica arrivano gli miei zii d'America con le sue tre figlie, così potrò finalmente conoscere le mie cugine.
5. "I Vostri genitori abitano ancora in campagna, avvocato?" "Sì, e anche mio fratello Giuseppe, la mia cognata e la loro figlia."
6. La mia bambina non vuole mai stare con me: vuole stare sempre con il suo papà.
7. "Sabina, è passato il signor Vigini con suo genero per firmare il contratto?" "No, non ancora."
8. "La tua famiglia è ancora in Italia, Maristella?" "È tornato solo mio padre."
9. "Adelaide, vai d'accordo con tua nuora?" " Così così..."
10. "Festeggi sempre il Natale dai tui nonni?" "Generalmente sì, ma quest'anno voglio festeggiarlo a casa della mia fidanzata."

Non dimenticare!
L'articolo è scelto in base alla parola che segue immediatamente.
Es.:   **gli** zii / **i** miei zii,   **lo** spazzolino / **il** tuo spazzolino,   **l'**albero / **il** nostro albero, ecc.

e) Completa con l'articolo giusto:

1. .... psicologo di Nora
   .... suo psicologo

2. un'amica mia
   .... mia amica

3. .... esempio dei genitori
   .... loro esempio

4. un'insegnante di Rino
   .... sua insegnante

CAPITOLO 10

PRONOMI POSSESSIVI

Osserva

Facciamo il punto

PRONOMI POSSESSIVI
Le forme dei pronomi possessivi sono uguali ❏ o diverse ❏ da quelle degli aggettivi possessivi?
(Cfr. pag. 234 IV)

N.B.: Per sottolineare una contrapposizione si usa l'articolo.

f) Completa:

1. "Qui ci sono tanti quaderni: qual è *il tuo*, Ernesto?" "Quello rosso."
2. "Sono *(i) Suoi* questi giornali, professoressa?" "Sì, grazie!"
3. "Con che macchina andiamo, con *la nostra* o con quella dei vostri amici?" "Noi abbiamo la macchina dal meccanico. Andiamo con *la loro*."
4. "Sono di Lorenza questi fazzoletti?" "No, *i suoi* sono bianchi."
5. "È la scrittura di tua madre?" "No, non è *la sua*."
6. "Sono vostri questi asciugamani?" "Sì, sono *(i) nostri*."
7. "Scusi signorina, sono *Sue* queste videocassette?" "No!"

CAPITOLO 11

VERBI RIFLESSIVI: TEMPI SEMPLICI
VERBI RIFLESSIVI: TEMPI COMPOSTI
VERBI RIFLESSIVI + VERBI MODALI

VERBI RIFLESSIVI: TEMPI SEMPLICI
Osserva

CAPITOLO 11

a) Abbina i soggetti alle forme verbali presenti nelle vignette, scrivi tra parentesi l'infinito e sottolinea i pronomi riflessivi:

io .... (........................)   noi .... (........................)
tu .... (........................)   voi .... (........................)
lei <u>si</u> addormenta (addormentar<u>si</u>....)   loro .... (........................)
Lei .... (........................)

Facciamo il punto

VERBI RIFLESSIVI: TEMPI SEMPLICI
Coniuga al presente indicativo, come esempio per tutti i verbi riflessivi, il verbo riposar<u>si</u>*
(Cfr. pag. 234 I):

io mi riposo   noi ci riposiamo
tu ti riposi   voi vi riposate
lui/lei si riposa   loro si riposano

*Non dimenticare!

L'infinito di un verbo riflessivo perde la "-e-" davanti al pronome (capire + si = capir~~e~~si).

b) Completa al presente indicativo:

1. "Signorina, ...si ricorda...... (RICORDARSI) di me?"
   "No, guardi che Lei ......si sbaglia...... (SBAGLIARSI), io non La conosco."
2. "Rino, che cosa ......mi metto...... (io METTERSI) stasera per il concerto?"
   "Se ......ti vesti...... (tu VESTIRSI) troppo elegante rischi di essere l'unica."
3. Perché ......vi alzate...... (ALZARSI) tutti da tavola? Dobbiamo ancora prendere il caffè.
4. "......Si interessa...... (INTERESSARSI) anche Lei d'arte contemporanea?"
   "Sì, molto."
5. Guarda, non c'è più vento. Non ......si muove...... (MUOVERSI) neanche una foglia.
6. "Se ......ci sediamo...... (noi SEDERSI) in uno scompartimento per fumatori a me viene mal di gola."
7. "Allora, arrivi?" "......Mi pettino...... (PETTINARSI) e scendo."
8. "Perché non ......si taglia...... (TAGLIARSI) i capelli, signora?" "La prossima volta, forse..."
9. Io non ......mi intendo...... (INTENDERSI) di musica folk: scegliete voi il disco!
10. L'assemblea sindacale ......si tiene...... (TENERSI) ogni anno a marzo.
11. "Ho deciso di ......licenziarmi...... (LICENZIARSI): non ne posso più di questo lavoro!" "Pensaci bene, con la disoccupazione che c'è.."
12. "Abbiamo pensato di ......incontrarci...... (INCONTRARSI) davanti a casa di Bernardo alle 7, vi va bene?" "Benissimo."

VERBI RIFLESSIVI: TEMPI COMPOSTI

Osserva

Alle 7.00 di lunedì mattina Giulia era così:

Alle 8.00 era cosí:

Che cosa ha fatto?

c) Rispondi coniugando i verbi tra parentesi al passato prossimo:

1. .....si è fatta........... (FARSI) la doccia.
2. ....si è lavata...... (LAVARSI) i capelli e ....si è pettinata...... (PETTINARSI).
3. ....si è messa...... (METTERSI) la crema e ....si è massaggiata.... (MASSAGGIARSI).
4. ....si è vestita...... (VESTIRSI).
5. ....si è truccata...... (TRUCCARSI).
6. ....si è lucidata...... (LUCIDARSI) le scarpe.
7. ....si è messo...... (METTERSI) il profumo.

Facciamo il punto

VERBI RIFLESSIVI: TEMPI COMPOSTI
Con i verbi riflessivi si usa l'ausiliare: ....essere........ *(Cfr. pag. 234 II).*
Ricordati dunque di fare l'accordo del participio passato! *(Vedi capitolo n. 7)*

d) Completa al passato prossimo:

1. Quando ha visto il fumo uscire dalla finestra, Elisa ...si è spaventata... (SPAVENTARSI) da morire.
2. "Perché ...vi siete precipitati... (PRECIPITARSI) fuori dopo lo spettacolo?" "Perché non volevamo perdere l'autobus."
3. Noi ...ci siamo dimenticati... (DIMENTICARSI) di prendere lo scontrino e non possiamo cambiare i pantaloni.
4. Il mio collega ...si è ammalato... (AMMALARSI) e così devo lavorare il doppio.
5. Elvio e Maddalena ...si sono offesi... (OFFENDERSI) perché non sono stati invitati all'inaugurazione della mostra.
6. Per fortuna le mie amiche non ...si sono fidate... (FIDARSI) di quell'impostore.
7. Quando ho visto entrare quel rompiscatole di Giancarlo ...mi sono nascosta... (io NASCONDERSI) dietro la tenda e poi sono scappata dal salone.
8. "Orlando, perché ...ti sei arrabbiato... (ARRABBIARSI) con tua figlia?" "Ha perso di nuovo le chiavi di casa!"
9. Anna e Riccardo ...si sono separati... (SEPARARSI) dopo 15 anni di matrimonio.
10. Perché non ...vi siete accomodati... (voi ACCOMODARSI) mentre ero in riunione?

VERBI RIFLESSIVI + VERBI MODALI

Osserva

Facciamo il punto

VERBI RIFLESSIVI + VERBI MODALI
In presenza di un verbo modale il pronome riflessivo può
.... o .... *(Cfr. pag. 234 III)*
Quale ausiliare si usa nei tempi composti? *(Cfr. pag. 234 III)*
"avere" quando ....
"essere" quando ....

e) Completa al presente indicativo:

1. .... (Lei VOLERSI ACCOMODARE) alla cassa o preferisce dare ancora un'occhiata nel negozio?
2. Ragazzi, ... (DOVERSI SBRIGARE), altrimenti perdete l'aereo.
3. Noi non .... (POTERSI IMPEGNARE) a ultimare il lavoro entro questa data.
4. Se .... (VOLERSI CAMBIARE) prima di uscire, puoi andare in camera mia.
5. Di che cosa .... (io DOVERSI OCCUPARE) durante la tua assenza?

f) Completa al passato prossimo scegliendo il verbo modale più adatto:

1. "Perché .... trasferire a Bruxelles, Nadia?"
   "Non .... trasferirmi; ho dovuto farlo perché non avevo altra scelta!"
2. "A che corso vi siete iscritti?" "..... .... iscrivere ad un corso per principianti perché abbiamo dimenticato tutto."
3. "Che ha fatto Barbara questo pomeriggio?" ".................... .... allenarsi per la partita di domani."
4. "I tuoi amici .... rivolgere ad un avvocato?" "Eh, purtroppo sì."
5. "..... .... concentrarsi nonostante il rumore?" "Sì, perché ci sono abituata."
6. "Sai che, grazie all'eredità ricevuta, le sorelle Fabiani .... comprare una casa a Portofino?" "Ma va!? Che fortuna!"

Non dimenticare!

- Per alcuni verbi non c'è differenza di significato tra la forma riflessiva e quella non riflessiva;
  Es : ricordarsi di qualcosa/di qualcuno = ricordare qualcosa/qualcuno
       dimenticarsi di qualcosa/di qualcuno = dimenticare qualcosa/qualcuno
- L'accordo del participio passato nei cosiddetti "riflessivi apparenti" si fa con il soggetto e non con il complemento diretto.
  Es. : Claudia si è comprat**a** una cintura, una borsa, degli occhiali, delle gonne.

CAPITOLO 12

FORME PERIFRASTICHE

FORME PERIFRASTICHE

Osserva

a) Abbina le forme verbali ai numeri che compaiono nell'immagine:

N°: ...... Stanno lavando la macchina.
N°: ...... Il bambino sta pulendo il vetro.
N°: ...... Roberta si sta mettendo il cappello.
N°: ...... Stanno facendo un pupazzo di neve.
N°: ...... Stanno ridendo.

Facciamo il punto

I FORMA PERIFRASTICA

"Stanno lavando" è una cosiddetta "forma perifrastica". Quando si usa? *(Cfr. pag. 234 I)*

....
.

E come si forma ?
Con il verbo "STARE" + il GERUNDIO* del verbo principale.
Es. :

	I CONIUGAZIONE	II CONIUGAZIONE	III CONIUGAZIONE
io sto tu stai lui/lei sta noi stiamo voi state loro stanno	*lav-**ANDO**	*scriv-**ENDO**	*usc-**ENDO**

N.B.: È possibile utilizzare questa forma perifrastica con tutti i tempi semplici .
Es.: FUTURO – Domani a quest'ora starò lavorando; IMPERFETTO – Dove stavi andando quando ci siamo incontrati? ecc.

Attenzione ai gerundi irregolari!

INFINITO	GERUNDIO
fare	facendo
bere	bevendo
dire	dicendo
tradurre	traducendo

b) Completa:

1. "E voi cosa .... (voi FARE) quando è andata via la luce?"
   "Io .... (SUONARE) il piano e i ragazzi .... (GIOCARE) a ping pong in garage."

2. "Come mai Luciano non risponde al telefono?" "... (ASCOLTARE) musica a tutto volume, come fa spesso la sera."

3. "Scusa, non ho capito che cosa .... (DIRE) mentre salivamo in autobus....".
   "Dicevo che quest'anno ho un orario impossibile.... ."

c) Che cosa stanno facendo?

1. ....
2. ....
3. ....
4. ....
5. ....
6. ....

Osserva

Michela sta per avere un bambino.

I due ciclisti stanno per scontrarsi.

Facciamo il punto

II FORMA PERIFRASTICA
"Sta per avere" è un'altra "forma perifrastica". Quando si usa? *(Cfr. pag. 235 II)*
....
E come si forma?
Con il verbo " STARE " + PER + l'INFINITO del verbo principale.

d) Completa usando le due forme perifrastiche:

1. Io sto lavorando a maglia e tu che cosa .... (FARE)?
2. Non piove ancora, ma secondo me .... (PIOVERE); mettiti l'impermeabile.
3. Ragazzi, perché .... (DISCUTERE) ? La decisione è già stata presa.
4. .... (noi SCRIVERE) una guida turistica della Toscana, ma non so quando la finiremo.
5. .... (noi TRASLOCARE), anche se non sappiamo esattamente quando.
6. Da quanto tempo .... (voi GUARDARE) la TV ?
7. "Sono già usciti Dino e Roberta?" "No, sono ancora di là, ma .... (USCIRE)."
8. Sai che mio nipote .... (SPECIALIZZARSI) in pediatria?

INTERMEZZO 4

SOPRA - SOTTO
VICINO a - LONTANO da
A SINISTRA di

DENTRO - FUORI da
DAVANTI a - DIETRO (a)
A DESTRA di

Di FRONTE a

Osserva

Gino e Miriam hanno deciso di ristrutturare il loro bagno.
Ecco com'era il bagno prima della ristrutturazione.

a) Indica con una X la frase giusta:

1. La lavatrice era ☐ a destra del lavabo ☐ a sinistra del lavabo.
2. Le mensole erano ☐ sopra il lavabo ☐ sotto il lavabo.
3. Il cesto della biancheria sporca era ☐ davanti alla lavatrice ☐ dietro la lavatrice.
4. La pianta era ☐ dentro l'armadio ☐ sopra l'armadio.
5. Gli asciugamani erano ☐ sotto l'armadio ☐ dentro l'armadio.
6. La lampada era ☐ dietro lo specchio ☐ davanti allo specchio.
7. La vasca da bagno era ☐ vicino alla porta ☐ lontano dalla porta.

Ecco com'è il bagno dopo la ristrutturazione:

b) Completa le frasi che descrivono il nuovo bagno utilizzando le locuzioni nel riquadro e aggiungendo gli articoli necessari:

1. Lo specchio è .... cabina doccia.
2. L'armadietto è .... lavabo.
3. Le piante sono .... mensole.
4. La cabina doccia è .... lavabo.
5. La lavatrice è .... bagno; è in cantina.
6. I pesi sono .... mensole.
7. Lo sgabello è .... armadietto.

fuori da
vicino a
a sinistra (di)
a destra (di)
sopra
sotto (2)

Facciamo il punto

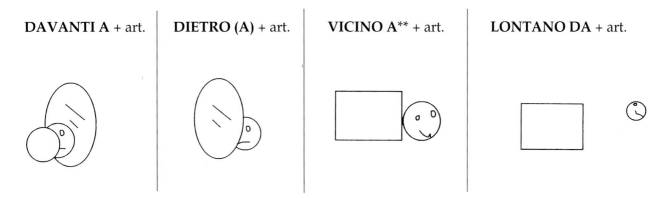

SOPRA* + art.   **SOTTO** + art.   **FUORI DA** + art.   **DENTRO** + art.

* **N.B.**: "Sopra" può essere usato al posto di "su".
Es. Il libro è sul/sopra il tavolo   *Ma*: La lampada è sopra il tavolo.

DAVANTI A + art.   **DIETRO (A)** + art.   **VICINO A**** + art.   **LONTANO DA** + art.

** **N.B.**: "vicino a" può essere sinonimo di "accanto a".
   Es.: Non voglio sedermi vicino/accanto a loro.

> **c)** Osserva ancora l'immagine del nuovo bagno e completa le frasi con...

accanto a/ a destra di/ su/ di fronte a

... e gli articoli necessari:

1. Dov'è il portasciugamani? .... cabina doccia.
2. Dov'è la vasca da bagno? .... mensole.
3. Dov'è lo sgabello? .... armadietto
4. Dove sono gli asciugamani? .... mensole.

d) Completa:

1. Sai dov'era finito il pettine? .... letto.
2. Oggi il caldo è terribile! In spiaggia non si resiste .... acqua.
3. Che fastidio questo ventilatore proprio .... testa!
4. È meglio mettere il motorino .... garage, se no rischiamo di non trovarlo più.
5. Da qui non riesci a vedere lo stadio perché è proprio .... quegli edifici.
6. "L'albergo è .... qui?" "No, è vicinissimo."
7. Quando mi sono trovata .... lui, non ho avuto il coraggio di aprire bocca.
8. Secondo me il divano è troppo .... televisore. La distanza minima dovrebbe essere almeno di due metri.
9. No, non a destra, la scrivania deve essere messa .... finestra, così la luce viene dalla direzione giusta.
10. Puoi mettere il frullatore .... scaffale più alto perché lo uso raramente.

CAPITOLO 13

IMPERFETTO INDICATIVO DI "ESSERE" E "AVERE" E DEI VERBI REGOLARI
IMPERFETTO INDICATIVO DEI PRINCIPALI VERBI IRREGOLARI
USO DELL'IMPERFETTO INDICATIVO E DEL PASSATO PROSSIMO
TRAPASSATO PROSSIMO

IMPERFETTO INDICATIVO DI "ESSERE" E "AVERE" E DEI VERBI REGOLARI

a) Abbina le frasi alle immagini:

1./.b. I nostri compagni di corso erano proprio insopportabili : avevano sempre qualcosa da dire.
2./.... Come ! ? Non mangi più dolci ? Mi ricordo che eri così golosa quando avevi dieci anni!
3./.... Quando ero bambino avevo tanti giocattoli. Adesso mi basta il computer.
4./.d. Quando era giovane Gigi aveva i capelli ricci.
5./.... Certo che eravamo più sicuri quando avevamo i cani!
6./.... Avevate un buon albergo quando eravate a Firenze per il vostro corso di italiano?

Collega le forme verbali di **essere** e **avere** all'imperfetto con i corrispondenti soggetti: (*cfr. pag. 235 I*)

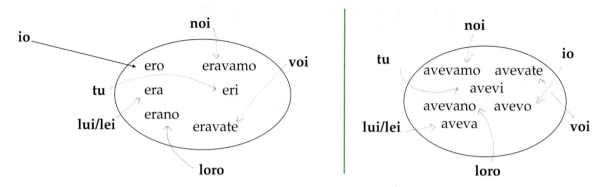

b) Completa:

1. "…… *Eri* …… al circo anche tu?" "No, sabato …… *avevo* …… la febbre."
2. "Quando io …… *ero* …… in seconda liceo …… *avevo* …… il professor Randi per latino e greco, e voi chi …… *avevate* …… ?" "Noi …… *avevamo* …… la professoressa Viviani che …… *era* …… il terrore della scuola."
3. "In quanti …… *eravate* …… alla riunione?" "…… *Eravamo* …… pochissimi : noi e altre tre persone."
4. "Quanti anni …… *aveva* …… tua nonna quando è emigrata in Australia?" "Non lo so esattamente, ma …… *era* …… giovanissima."
5. "…… *Avevi* …… da dirmi qualcosa, Gianna?" "Sì, ma più tardi".
6. "Da dove arrivano quei cagnolini?" "…… *Erano* …… in strada, tutti bagnati, non …… *avevano* …… niente da mangiare e così li ho portati a casa…"

Osserva

CAPITOLO 13

c) Individua le forme verbali all'imperfetto presenti nelle vignette - eccetto "essere" e "avere" - e riportale nella colonna del pronome corrispondente. Appartengono alla I, II o III coniugazione?

	io	tu	lui/lei	noi	voi	loro
-ARE (I)					passavate	
-ERE (II)						
-IRE (III)						

Facciamo il punto

IMPERFETTO INDICATIVO DEI VERBI REGOLARI

IMPERFETTO = TEMA DEL VERBO + DESINENZE

Completa (cfr. pag. 235 II):

	I CONIUGAZIONE -ARE	II CONIUGAZIONE -ERE	III CONIUGAZIONE -IRE
io	- avo	- evo	- ivo
tu	- avi	- evi	- ivi
lui/lei	- ava	- eva	- iva
noi	- avamo	- evamo	- ivamo
voi	- avate	- evate	- ivate
loro	- avano	- evano	- ivano

Non dimenticare!

Verbi come *finire, capire, pulire,* ecc. aggiungono "-isc-" al presente indicativo, ma non all'imperfetto.

Es.: finire
- PRESENTE: io finisco
- IMPERFETTO: io finivo

IMPERFETTO INDICATIVO DEI PRINCIPALI VERBI IRREGOLARI

d) Individua gli infiniti da cui derivano le forme all'imperfetto presenti nelle vignette:

	INFINITO
dicevi	dire
faceva	fare
bevevo	bere

Facciamo il punto

IMPERFETTO INDICATIVO DEI PRINCIPALI VERBI IRREGOLARI

I verbi che presentano forme irregolari all'imperfetto sono pochi.
Prova a coniugare i principali *(cfr. pag. 235 III)*:

	BERE	DIRE	FARE	PORRE (mettere)	TRADURRE	TRARRE (tirare)
io	bevevo	dicevo	facevo	ponevo	traducevo	traevo
tu	bevevi	dicevi	facevi	ponevi	traducevi	traevi
lui/lei	beveva	diceva	faceva	poneva	traduceva	traeva
noi	bevevamo	dicevamo	facevamo	ponevamo	traducevamo	traevamo
voi	bevevate	dicevate	facevate	ponevate	traducevate	traevate
loro	bevevano	dicevano	facevano	ponevano	traducevano	traevano

e) Completa all'imperfetto:

1. "Che cosa ......faceva...... (FARE) tuo padre?" "......traduceva...... (TRADURRE) per una ditta che ......produceva...... (PRODURRE) materiali d'alta tecnologia."
2. "Anni fa ......bevevo...... (BERE) volentieri un bicchierino di grappa, Furio!" "È vero, ma adesso il medico me l'ha proibito."

3. "Perché non mi avete telefonato ieri sera?" "......Doveva...... (DOVERE) esserci un'interferenza, infatti ogni volta che ......facevamo...... (noi FARE) il tuo numero ci ......dicevano...... (loro DIRE) che quel numero non ......esisteva...... (ESISTERE)."
4. "E Antonio che cosa studia?" "Musica naturalmente! Già da bambino non ......si interessava...... (INTERESSARSI) d'altro; a scuola ......si distraeva...... (DISTRARSI) spesso e ......componeva...... (COMPORRE) canzoni da far ascoltare ai suoi amici."
5. Il magistrato che .... (CONDURRE) le indagini sull'attentato all'ambasciata francese ha avuto un infarto.
6. "Allora, siete riusciti a mettervi d'accordo?" "No, ieri è stato impossibile; ogni cosa che noi .... (PROPORRE), loro la .... (RIFIUTARE)."

USO DELL'IMPERFETTO E DEL PASSATO PROSSIMO
Osserva

f) Perché è stato usato l'imperfetto? Abbina i testi delle vignette alle seguenti definizioni:

L'imperfetto si usa per:

VIGNETTA N.°

- azioni ripetute o abituali — ☐ 2
- azioni di durata indeterminata interrotte da azioni compiute — ☐ 1
- stati di salute, stati d'animo — ☐ 3
- descrizioni — ☐ 4
- azioni che si svolgono contemporaneamente — ☐ 5

g) Completa con l'imperfetto o con il passato prossimo:

1. ......ho vissuto...... (io VIVERE) un anno a Salisburgo e quando ......ero...... (ESSERE) lì ......ho conosciuto...... (CONOSCERE) Ulrike.
2. Una settimana fa ......abbiamo visto...... (noi VEDERE) un documentario che ci ......è piaciuto...... (PIACERE) molto.
3. "Nonno, come ......era...... (ESSERE) il papà da piccolo?" "......Cercava...... (CERCARE) di fare quello che ......voleva...... (VOLERE) e alla fine ci ......riusciva...... (RIUSCIRE) sempre perché io ......ero...... (ESSERE) troppo buono."
4. "......Sei andata...... (ANDARE) a dormire tardi ieri sera, Silvia!" "Eh, sì, perché ......volevo...... (VOLERE) finire il maglione per Pasquale."
5. "Sai che Elisa e Renzo si trasferiscono a Bonn?" "Davvero? Non lo ......sapevo...... (io SAPERE)." "Noi l'......abbiamo saputo...... (SAPERE) ieri."
6. Quando l'altro ieri ......sono ritornati...... (loro RITORNARE) a casa, il riscaldamento non ......funzionava...... (FUNZIONARE) e allora ......hanno chiamato...... (CHIAMARE) l'idraulico che però ......aveva...... (AVERE) l'influenza e così ......hanno acceso...... (ACCENDERE) il caminetto e ......hanno passato...... (PASSARE) la notte nel salone.
7. Una volta i miei figli ......facevano...... (FARE) la raccolta di francobolli, adesso che ......sono diventati...... (DIVENTARE) grandi fanno la "raccolta" di belle ragazze.
8. Quando ......sono arrivato...... (io ARRIVARE) a Lussemburgo non ......riuscivo...... (RIUSCIRE) ad abituarmi al clima umido. Adesso ......ho risolto...... (RISOLVERE) il problema viaggiando più spesso possibile.
9. "Perché non ......sei venuto...... (tu VENIRE) ieri?" "......Ero...... (ESSERE) senza benzina e ......c'era...... (ESSERCI) lo sciopero dei benzinai." "......Potevi...... (POTERE) telefonarmi!" "È vero, ma non ci ......ho pensato...... (PENSARE)."
10. Mentre ......lavoravo...... (io LAVORARE) in cantina mi ......è sembrato...... (SEMBRARE) di sentire il telefono, ma quando ......sono arrivato...... (ARRIVARE) su, ...era...... (ESSERE) già troppo tardi.

11. Mentre *cenavamo* (noi CENARE) *abbiamo sentito* (SENTIRE) un rumore fortissimo che *veniva* (VENIRE) dal giardino. *Ci siamo alzati* (ALZARSI) tutti da tavola, *siamo corsi* (CORRERE) giù, ma non *abbiamo visto* (VEDERE) niente di sospetto.
12. Al mare, mentre io *prendevo* (PRENDERE) il sole, Tino *faceva* (FARE) i cruciverba. *(quelli così)*
13. "Quanto tempo *è rimasta* (RIMANERE) a Torino, signora Trigari?"
    "Tre mesi, da giugno ad agosto."
    "Ah, ecco perché in luglio, quando *abbiamo cercato* (noi CERCARE) di contattarLa telefonicamente non *ha risposto* (RISPONDERE) mai nessuno."
14. "Allora, come *è andato* (ANDARE) l'esame?"
    "Mi *hanno dato* (DARE) un voto un po' basso."
    "*Speravi* (SPERARE) di prendere di più?"
    "Beh, sì."
15. "Da ragazza Fiamma *diceva* (DIRE) sempre che *voleva* (VOLERE) diventare hostess."
    "E che cosa *è diventata* (DIVENTARE)?"
    "Pilota!"

h) Come il precedente:

1. "Sai che mi .... (SUCCEDERE)?"
   "No, dimmi."
   "Mentre .... (CORRERE) nel parco un cane mi .... (AGGREDIRE)."
2. "Perché non .... (RISPONDERE) quando ti ho telefonato?"
   "Perché .... (ESSERE) a letto con l'emicrania."
3. Mentre .... (io SPIEGARE) tutta la storia a Giovanna, ... (ACCORGERSI) che lei .... (PENSARE) ad altro.
4. Il postino è arrivato proprio mentre .... (io IMPASTARE) il dolce.
5. Quando ho visto che i ragazzini .... (VOLERE) rubarmi l'autoradio, ... (io COMINCIARE) a urlare come una pazza e loro .... (SCAPPARE).
6. Caterina .... (SENTIRSI) male, mentre .... (noi FARE) la fila alla posta.
7. Ieri mattina, per prendere il treno, ... (io DOVERSI ALZARE) prestissimo, e, siccome marito e figli .... (DORMIRE) profondamente, ... (DOVERE) chiamare un taxi.
8. Per mancanza di tempo Rita non .... (POTERSI ESERCITARE) al piano come .... (VOLERE) e così .... (PREFERIRE) rimandare il saggio al conservatorio.
9. Dopo quello che .... (SUCCEDERE) .... (noi VOLERSI RIVEDERE) per chiarire l'equivoco.

i) Completa il testo con l'imperfetto o il passato prossimo:

L'inverno scorso ...abbiamo passato... (noi PASSARE) una bellissima settimana in montagna. ...Abbiamo affittato... (noi AFFITTARE) un appartamento in un paesino delle Dolomiti e ...siamo partiti... (PARTIRE) in compagnia di due amici.
Quando ...siamo arrivati... (ARRIVARE), ...abbiamo avuto... (AVERE) qualche problema a trovare l'appartamento, perché nessuno di noi ...conosceva... (CONOSCERE) il paese, ma la gente del posto ci ...ha aiutato... (AIUTARE) con gentilezza.
Di solito, dopo colazione ...siamo andati... (noi ANDARE) sulle piste e ...abbiamo sciato... (SCIARE) fino alle prime ore del pomeriggio.
Verso le 16 ...abbiamo incontrato... (INCONTRARE) i nostri amici in un bar del paese e ...siamo tornati... (TORNARE) insieme a casa.
Ogni sera ...abbiamo cucinato... (CUCINARE) tutti insieme o ...siamo usciti... (USCIRE) per andare in pizzeria. Il tempo ...era / è stato... (ESSERE) splendido per tutta la durata del nostro soggiorno.
Insomma, ...siamo tornati... (TORNARE) dalle vacanze riposati, abbronzati e in forma.

l) Inserisci il connettivo giusto:

quando
ogni volta che
mentre perché

1. Il postino è arrivato .... stavo facendo la doccia.
2. .... abitavamo a Londra non usavamo mai la macchina.
3. Mio padre mi ha telefonato proprio .... gli stavo scrivendo una lettera.
4. .... Giuliana doveva parlare in pubblico le veniva la febbre.
5. Il giardiniere non è venuto .... il tempo era brutto.
6. Mi sono fatta male alla mano .... tagliavo le carote.

m) Completa con l'imperfetto o il passato prossimo:

L'estate scorsa due nostri amici ...hanno fatto... (FARE) un viaggio in Grecia.
...Volevano... (loro VOLERE) visitare Atene e passare due settimane al mare.
...Hanno comprato... (COMPRARE) una guida sulla Grecia, ...hanno telefonato... (TELEFONARE) ad un'agenzia viaggi e ...hanno prenotato... (PRENOTARE) i posti in aereo e l'hotel.
...Sono partiti... (PARTIRE) il 12 luglio da Bergamo, dove ...pioveva... (PIOVERE) e ...faceva... (FARE) freddo.
Ad Atene il tempo ...era... (ESSERE) bellissimo e ...c'erano... (ESSERCI) 32°. L'hotel ...si trovava... (TROVARSI) in una zona abbastanza centrale e, per fortuna, tutte le camere ...avevano... (AVERE) l'aria condizionata.

Il primo giorno, a pranzo, Liliana e Marco hanno ordinato (ORDINARE) una specialità ai frutti di mare. Dopo qualche boccone, hanno sentito (SENTIRE) uno strano sapore, ma hanno aggiunto (AGGIUNGERE) sale e pepe e l'hanno mangiata (MANGIARE) tutta. Nel pomeriggio, mentre visitavano (loro VISITARE) l'Acropoli, Liliana si è sentita (SENTIRSI) male. Allora lei si è fermata (FERMARSI) all'ombra, e Marco ha continuato (CONTINUARE) a salire. Ma dopo pochi minuti anche lui si è sentito (SENTIRSI) male e è sceso (SCENDERE) in fretta.. La sera avevano (AVERE) tutti e due febbre alta e perciò hanno chiamato (CHIAMARE) un medico. Dopo averli visitati, il medico ha consigliato (CONSIGLIARE) il ricovero. Liliana e Marco sono dovuti (DOVERE) rimanere in ospedale per ben 10 giorni e quando sono tornati (TORNARE) dalle vacanze erano (ESSERE) pallidi e dimagriti.

> **n)** Inserisci nel testo i seguenti verbi all'imperfetto: *arrivare, appartenere, dovere, occuparsi, abitare* (2), *rovinare, interessarsi, impedire, curare, lavorare, precipitarsi, mancare, essere* (2), *condurre, ricominciare, ricomporsi, ritornare.*

La casa-torre .... a una sorella della nonna che .... a Milano e non .... di quella proprietà nell'estremo Sud dell'Italia.
Così i miei zii la .... nel tempo libero (chi .... del giardino, chi dei piccoli lavori di mantenimento) e, da quando una parte della famiglia non .... più al Sud, era diventata la casa delle vacanze.
Noi .... generalmente verso l'inizio di luglio con la macchina carica di vestiti leggeri, racchette da tennis, materassini gonfiabili e ogni sorta di dispositivi antizanzare per cercare di neutralizzare quegli odiosi insetti che puntualmente ci .... le serate e le notti. Prima di installarci, una famiglia per piano, ... pulire le stanze e i bagni rimasti inutilizzati per quasi un anno.
.... tutta una giornata, con l'aiuto della colf della nonna che non .... mai all'appuntamento. .... una festa ritrovarsi e raccontarsi tutto quello che la distanza ci .... di dirci durante l'anno.
Appena possibile noi ragazzi .... al mare, giù per una stradina che .... a una spiaggetta sabbiosa e che per noi, che ci avevamo fatto i primi passi, ... la più bella spiaggia del mondo. E così, come ogni anno, il gruppo familiare ...., ... (noi) a fare progetti, feste, pettegolezzi e .... , tutti insieme, nel magico universo dell'estate mediterranea.

IL TRAPASSATO PROSSIMO

Leggi i dialoghi

1. "Come mai la fattura dell'idraulico è così bassa?"
   "È solo il saldo, non ti ricordi che **avevamo** già **pagato** più della metà della somma alla fine dei lavori?"

2. "Perché avete cambiato hotel?"
   "Perché gli amici che **erano venuti** in vacanza con noi l'anno scorso ce ne hanno consigliato uno migliore."
3. "Per favore, puoi dire a tua sorella di non parlare di operazioni e medicine durante il pranzo di Natale?"
   "È inutile, gliel'**avevo detto** anche l'anno scorso, ma è più forte di lei."
4. "Sai che è successo a Leo?"
   "No, dimmi…"
   "Era al mare, ha fatto il bagno, poi è uscito dall'acqua e non ha trovato più nulla, **erano spariti** i vestiti, la borsa, l'asciugamano…, tutto!"

o) Riporta qui di seguito le forme del trapassato prossimo presenti nei dialoghi:

1. ....
2. ....
3. ....
4. ....

Facciamo il punto

TRAPASSATO PROSSIMO = IMPERFETTO DELL'AUSILIARE + PARTICIPIO PASSATO

Completa (cfr. pag. 235 IV):   es.: Maria … aveva… ……………   (DIRE)
                                    Maria …………… ……………   (VENIRE)

p) Completa con le forme dell'imperfetto, passato prossimo o trapassato:

1. Paola non …………………… (VENIRE) alla mensa perché sua zia le …………………… (CHIEDERE) di andare con lei a comprare dei mobili.
2. Ieri, mentre …………………… (noi PASSEGGIARE) sul lungomare, …………………… (INCONTRARE) due ragazzi romani che …………………… (noi CONOSCERE) in Irlanda tre anni fa.
3. A mia sorella non …………………… (PIACERE) la tovaglia che le …………………… (io PORTARE) dal Portogallo e così l' …………………… (TENERE) per me.
4. Signora, Le restituisco i libri che mi …………………… (CONSIGLIARE) di leggere: anche a me …………………… (PIACERE) tantissimo.
5. Domenica scorsa …………………… (io ARRIVARE) in ritardo perché nessuno mi …………………… (AVVISARE) che l'orario …………………… (CAMBIARE).
6. Finalmente …………………… (io RIUSCIRE) a vedere un lunghissimo film che …………………… (REGISTRARE) più di un anno fa e che non …………………… (AVERE) mai il tempo di guardare.

CAPITOLO 14

CONDIZIONALE SEMPLICE DI "ESSERE" E "AVERE" E DEI VERBI REGOLARI
CONDIZIONALE SEMPLICE DEI PRINCIPALI VERBI IRREGOLARI
CONDIZIONALE COMPOSTO - USO DEL CONDIZIONALE

CONDIZIONALE SEMPLICE DI "ESSERE" E "AVERE" E DEI VERBI REGOLARI

Osserva

Riporta le forme del condizionale di **essere** e **avere** corrispondenti ai pronomi soggetto.
(Cfr. pag. 235 I)

ESSERE
io ....
tu ....
lei/lui ....
noi ....
voi ....
loro ....

AVERE
io ....
tu ....
lei/lui ....
noi ....
voi ....
loro ....

a) Inserisci nei riquadri le forme del condizionale della I, II e III coniugazione degli altri verbi incontrati nelle vignette:

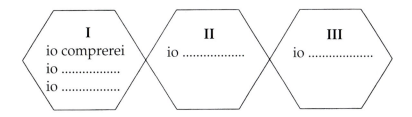

b) Completa la coniugazione del condizionale di *provare* (I), *mettere* (II) e *preferire* (III) aiutandoti con le le forme già indicate:

io ....
tu ....
lui/lei ....
noi proveremmo.... ......
voi ....
loro proverebbero ....

io ....
tu metteresti..................
lui/lei ....
noi ....
voi mettereste ....
loro ....

io ....
tu ....
lui/lei preferirebbe ....
noi ....
voi ....
loro ....

Facciamo il punto

CONDIZIONALE SEMPLICE DEI VERBI REGOLARI:
Si forma dall'infinito aggiungendo al tema del verbo le desinenze *(cfr. 236 II)*:

	I CONIUGAZIONE -ARE	II CONIUGAZIONE -ERE	III CONIUGAZIONE -IRE
io	-erei	-erei	-irei
tu			
lei/lui			
noi			
voi			
loro			

c) Completa i seguenti dialoghi con il condizionale semplice dei verbi tra parentesi:

1. "Franca, devo chiederti una cortesia, ... (CANTARE) l'"Ode alla gioia" al matrimonio di Michele?"
   "Io non mi sento all'altezza, ma sono sicura che Antonella .... (ESSERE) felice di farlo".
2. "............................ (AVERE) voglia di andare a teatro venerdì sera? C'è un balletto."
   "Perché no? Per una volta .... (noi CAMBIARE) genere."
3. "Secondo questa statistica si .... (VENDERE) più dischi di musica classica che di musica leggera."
   "Non crederci, quel giornale racconta solo balle!"
4. Scusi signora, Le .... (DISPIACERE) fumare in corridoio? Qui è vietato fumare.
5. "Ti .... (PIACERE) venire sabato con noi alla Fiera del Libro?"
   "Mah,... sono così stanca che sabato mattina .... (DORMIRE) volentieri fino a tardi."
   "Beh, sarà per un'altra volta."
6. "Ragazzi, ci .... (ASPETTARE) un momento?"
   "Va bene, ma solo un momento!"
7. "Sandro, mi .... (PRESTARE) la tua moto questo fine settimana?"
   "Veramente .... (SERVIRE) a me."
8. "Pensi che i tuoi .... (ACCETTARE) di tosare l'erba nel nostro giardino durante le vacanze?"
   "Credo che non .... (AVERE) niente in contrario, anzi! Sai che mio padre adora il giardinaggio."

Attenzione!

Le variazioni ortografiche sono le stesse che per il futuro (cfr. cap. 8, pag. 94)

d) Completa il diagramma con le forme coniugate dei seguenti verbi:

1. lanciare (tu), 2. imbucare (loro), 3. sbrigare (noi), 4. assaggiare (io), 5. mangiare (voi), 6. denunciare (lui), 7. indagare (voi), 8. lasciare (loro).

1									
2									
3									
4									
5									
6									
7									
8									

CONDIZIONALE SEMPLICE DEI PRINCIPALI VERBI IRREGOLARI

1) Oh, no! Ancora questa nebbia! Che oppressione!
Mi **berrei** una bottiglia intera di whisky.

2) "Tu **rimarresti** un mese a casa di nonna Amelia?"
"Penso che mi **verrebbe** l'esaurimento nervoso solo a sentirla parlare."

3) **Potreste** evitare di sbattere le porte?
Sto cercando di lavorare!

4) "Giulia, adesso che lavori **dovresti** cominciare a vestirti in modo più classico."
"**Vorresti** dire che **dovrei** mettermi i tailleur blu e grigi come la zia Filippa?"

5) Ti **andrebbe** una serata orientale? Hanno aperto un ristorante tailandese dove **farebbero** anche della buona musica...

6) Un lampadario così grande non **sapremmo** proprio dove metterlo...

---

e) Riporta le forme del condizionale incontrate nei riquadri e scrivi tra parentesi l'infinito corrispondente.

1) ....berrei............... (.........................)

2) ....(.........................)
   ....(.........................)

3) .... (.........................)

4) ....(.........................)
   ....(.........................)
   ....(.........................)

5) .... (.........................)
   .... (.........................)

6) ....(.........................)

Facciamo il punto

CONDIZIONALE SEMPLICE DEI PRINCIPALI VERBI IRREGOLARI

Attenzione!

Le irregolarità sono le stesse che per il futuro (cfr. cap. 8).
Completa *(cfr . pag. 236 III)*:

FUTURO SEMPLICE	CONDIZIONALE SEMPLICE
io farò	io farei
io starò	io ....
io darò	io ....
io andrò	io ....
io saprò	io ....
io dovrò	io ....
io berrò	io ....
io rimarrò	io ....
io verrò	io ....
Ecc.	ecc.

Es.:

CONDIZIONALE SEMPLICE		
stare	andare	venire
io starei		

f) Completa con il condizionale semplice:

1. "Scusi, ... (SAPERE) dirmi dov'è il benzinaio più vicino?"
   "Sì, certo, ... (Lei DOVERE) girare qui a destra e continuare dritto per circa 200 metri. Il benzinaio è sulla sinistra."
2. Ragazzi, ne ho abbastanza di raccogliere da terra la vostra biancheria sporca! .... (POTERE) almeno metterla nella cesta!
3. Anche se la proposta della Assobel è interessante, penso che ci .... (CONVENIRE) consultare ancora due o tre ditte.
4. Venezia è incantevole in questo periodo! Noi .... (TRATTENERSI) ancora qualche giorno, ma abbiamo un appuntamento col notaio domani a Milano.
5. Sono sicura che Giorgia .... (VIVERE) meglio in una grande città piuttosto che qui.

6. E voi .... (VOLERE) farmi credere che questa macchina fa 180 Km all'ora? Ma raccontatelo a qualcun altro.., io di macchine me ne intendo!
7. "Guido, ci .... (DARE) una mano a installare l'impianto d'aria condizionata sabato prossimo?"
   "Mi dispiace, ma sabato vorrei partecipare alla corsa campestre."
8. "Guarda questa bolletta telefonica: ma è una cifra assurda! Che .... (FARE) tu al mio posto?"
   ".................... (VEDERE) di capirci qualcosa telefonando ai responsabili delle fatturazioni."

> **g) Usando il condizionale dei verbi tra parentesi dà dei consigli a Piero che si è trasferito a Torino per lavoro e si sente un po' solo:**

Caro Piero,

   io, al tuo posto .... (CERCARE) di uscire il più possibile, e .... (RIMANERE) a Torino anche il weekend per conoscere meglio le persone che ci abitano. Poi .... (ISCRIVERSI) a una palestra e ci ....(ANDARE) tutte le sere, anche per fare la sauna e chiacchierare un po' nella sala riposo.
Il sabato ....(tu POTERE) invitare a cena qualche collega, ma naturalmente ....(DOVERE) essere un buon cuoco! Se non lo sei, quale migliore occasione per diventarlo? Non ti ....(PIACERE) frequentare dei corsi di cucina due o tre volte alla settimana? Non ....(IMPARARE) soltanto a cucinare, ma ....(INCONTRARE) sicuramente signore e signorine che forse ....(GRADIRE) la tua compagnia anche dopo il corso. Chissà che non ti capiti proprio di trovare l'anima gemella tra i fornelli! Coraggio e buona fortuna!

CONDIZIONALE COMPOSTO

Leggi i dialoghi

1. "Allora Erika, com'è finita ieri sera?"
   "Eh, è proprio finita... io gli ho detto che a quelle condizioni non volevo vederlo mai più."
   "Hai avuto coraggio: io non **sarei stata** capace di dirgli una cosa simile."

2. "Che te ne pare di questa scuola?"
   "Mi sembra una scuola come le altre e il preside è molto gentile."
   "Hai conosciuto Carla Dini?"
   "Credo di no, che tipo è?"
   "È una mora, alta, sempre seria... secondo i colleghi **avrebbe avuto** una lunga storia col preside."

3. "Avete riparato la lavatrice?"
   "No, l'**avremmo fatto** volentieri ma non avevamo gli attrezzi giusti."

4. "Pronto, mamma, mi dispiace ma non possiamo venire a pranzo da te oggi..."
   "Scusa Marta, **avresti potuto*** telefonarmi ieri: ho preparato quasi tutto..."
   "Congela quello che puoi e ci vediamo domenica prossima, va bene?"
   "Va bene, ma un'altra volta avvisami prima."

5. "Hai visto com'è contenta Daniela e come sta bene da quando fa solo la casalinga?"
   "Non riesco a capire,... proprio lei che si dava tanto da fare per la sua carriera."
   "Eh, sì, diceva sempre che non **avrebbe** mai **lasciato** il suo lavoro, e invece..."

> **h) Riporta le forme del condizionale composto accanto ai soggetti indicati e scrivi l'infinito del verbo principale tra parentesi:**

1. io .... (........................)
2. lei .... (........................)
3. noi .... (........................)
4. tu .... (........................)
5. lei .... (........................)

Facciamo il punto:

CONDIZIONALE COMPOSTO = CONDIZIONALE DELL'AUSILIARE + PARTICIPIO PASSATO
(*Cfr. pag. 236 IV*)

Es.: avrei fatto   sarei stat**o**/**a****

> **i) Completa le seguenti frasi col condizionale composto:**

1. "Uffa, non ci sono più posti per la gita a Pompei!"
   "........................ (voi DOVERE) prenotare tre mesi fa."
2. "Perché non siete venute ieri sera in pizzeria?"
   "Ci .... (VENIRE) con piacere, ma avevamo un altro impegno."
3. "Che orrore questo hotel! Rovina tutto il panorama; trovo che il Comune .... (POTERE) impedirne la costruzione."
4. "È stato un errore accettare l'invito dei tuoi genitori e abitare tutti insieme per tre settimane. .... (io PREFERIRE) pagare un affitto ed essere indipendente."
5. "Oggi ho avuto un forte mal di stomaco tutto il giorno."
   "Cinzia, ... (POTERE) andare dal medico!"

* In questa funzione il condizionale composto è comunemente sostituito dall'imperfetto nella lingua parlata.
** Il participio passato si concorda secondo le regole incontrate nel capitolo n. 7.

6. "Lo sa che oggi ho trovato di nuovo una macchina parcheggiata davanti al mio garage!?"
   "Al Suo posto io .... (CHIAMARE) la polizia!"
7. "Accidenti, è tardissimo!" "........................... (DOVERSI ALZARE) prima, mia cara!"
8. .... (noi VOLERSI ISCRIVERE) al corso di tango, ma di lunedì siamo sempre occupati.
9. "Guarda Alex e Mirella laggiù. .... (loro POTERSI SEDERE) vicino a noi!" "Già, ma forse non ci hanno visto."

USO DEL CONDIZIONALE

Osserva ancora una volta le vignette e i dialoghi delle pagine precedenti e verifica dove il condizionale semplice o composto è servito per esprimere:

Suggerimenti/consigli
Rimproveri benevoli/critiche
Incredulità
Richieste gentili
Opinioni di altri riportate con incertezza
Distacco nel riportare notizie
Proposte alternative
Desideri
Dubbi
Probabilità
Azioni non realizzate per mancanza del verificarsi di una condizione
Il futuro nel passato*

* **Attenzione:** l'uso del **condizionale composto** per esprimere un'azione futura in una frase dipendente dalla principale al passato è caratteristico della lingua italiana!

Es.:   Ieri alla televisione hanno detto che oggi **sarebbe piovuto**.
N.B.: Non ha importanza il fatto che sia piovuto o no!

1) Completa le seguenti frasi con le forme del condizionale composto:

1. "Sapevi che Pino si stabilirà a Rio de Janeiro?"
   "No, io avevo sentito dire che .... (ANDARE) a lavorare in Corea."
2. "Mara mi ha detto che anche i suoi fratelli parteciperanno alla gita."
   "Ma come!? Due giorni fa proprio loro mi hanno detto che non .... (VENIRE)."
3. Qualche anno fa non immaginavo che il computer .... (DIVENTARE) indispensabile per il mio lavoro.
4. Nessuno credeva che la Commissione .... (ACCETTARE) la loro richiesta.
5. Giovanna non si aspettava che i suoi ospiti .... (RIMANERE) due settimane.

m) **Completa con le forme del condizionale composto:**

Nella mia famiglia tutti si aspettavano che mio fratello, da grande, ... (FARE) il medico. Giocava con siringhe, pastiglie colorate, cerotti e io avevo sempre il ruolo della paziente. Nessuno gli domandava che cosa .... (STUDIARE) dopo il liceo, tanto erano chiare le sue preferenze.
Per quanto riguarda me, tutti continuavano a meravigliarsi quando dichiaravo che .... (DIVENTARE) ingegnere; specialmente i miei genitori erano del parere che .... (io DOVERE) orientarmi verso professioni più "femminili" come la maestra o l'interprete, visto che mi piacevano le lingue. Per mia nonna invece era chiaro che io .... (FARE) la moglie e la mamma e non smetteva di regalarmi bambole e insegnarmi a preparare dolci e specialità della nostra regione. Io mi sottoponevo pazientemente a queste "lezioni" pensando che da grande .... (AVERE) una cuoca o forse un marito con l'hobby della cucina perché detestavo - e detesto tuttora - cucinare.
Oggi io e mio fratello lavoriamo insieme: io sono architetto e lui arredatore.

n) **Completa l'articolo seguente con il condizionale (semplice o composto) dei verbi:** *entrare, ordinare, fuggire, essere, avere, parlare.*

Rapina a mano armata all'ufficio postale

Viareggio - Due banditi mascherati e armati .... poco dopo le 8 nella sede centrale delle poste di Viareggio e .... agli impiegati di aprire la cassaforte e di consegnargli tutto il denaro contante. Fortunatamente non c'erano ancora clienti agli sportelli. Una volta ricevuti i soldi, i due .... a bordo di una moto di grossa cilindrata che era parcheggiata in una strada laterale.
È stato subito dato l'allarme ma fino a questo momento non ci .... tracce dei banditi, né della moto. Secondo la testimonianza degli impiegati, entrambi i malviventi .... una trentina d'anni e .... con un forte accento straniero.

INTERMEZZO 5

PERÒ   PERCIÒ   PERCHÉ

Leggi i dialoghi

1. "Renzo, non hai più la moto?"
   "No, erano due anni che non la usavo, **perciò** l'ho venduta."

2. "Dov'è la macchina?"
   "L'ho lasciata dal meccanico **perché** doveva controllare freni e luci."

3. "Hai mandato il certificato medico alla segretaria?"
   "Sì, **però** non l'ho spedito, gliel'ho faxato, che dici, andrà bene?"
   "Non so, forse ti chiederà di spedirglielo, **perché**, in genere, in amministrazione vogliono gli originali."

a) Completa le frasi con *perché*, *però* o *perciò* secondo il senso:

1. Quest'anno dobbiamo far rifare il tetto, ... non possiamo permetterci di andare in Messico, come volevamo.
2. Cerco un appartamento con quattro camere da letto .... i figli del mio compagno abiteranno con noi.
3. Siamo arrivati due minuti prima dell'inizio dello spettacolo, ... non abbiamo trovato posti a sedere.
4. Il film è finito dopo mezzanotte, ... abbiamo preso un taxi.
5. Va bene, vi accompagno alla stazione, ... dovete essere pronti alle 6,30.
6. Sonia non può mangiare latticini .... è allergica al latte e a tutti i suoi derivati.
7. Nel secondo semestre gli studenti sono diminuiti, ... abbiamo dovuto chiudere alcuni corsi.

b) Collega le parti di frasi usando *però*, *perciò* o *perché*:

1. Detesto la matematica
2. Queste verdure non hanno sapore
3. Marco non guida
4. Il nostro cane è un po' aggressivo
5. È un film troppo lungo
6. So che lo sport fa bene

a) è meglio che stia nel recinto.
b) ho scelto il liceo classico.
c) è meglio vederlo di pomeriggio.
d) sono coltivate in serra.
e) è così difficile essere costanti!
f) da ragazzo ha avuto un terribile incidente.

CAPITOLO 15

PRONOMI PERSONALI INDIRETTI

Osserva

> **a) Qual è il pronome usato per:**
>
> al capo ....
> a mamma e papà ....
> alla bambina ....

Facciamo il punto

PRONOMI PERSONALI INDIRETTI

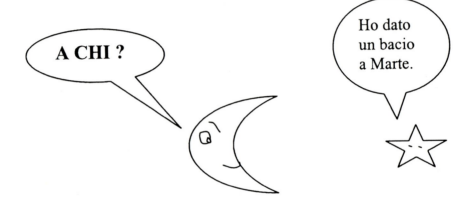

Abbina i pronomi indiretti alle persone corrispondenti *(cfr. pag. 236 I)*:

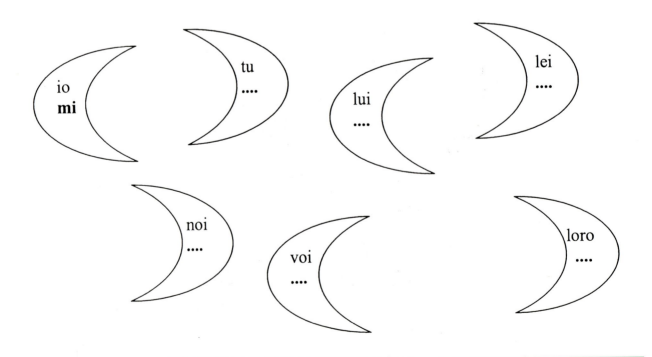

b) Completa le frasi scegliendo i pronomi giusti:

1. Sabato ho i Picco a cena. Che cosa	**le**	posso preparare di buono?
2. Chiara si è laureata. Che cosa	**gli**	regaliamo?
3. Eugenio ha la barba troppo lunga; secondo me non	**gli**	sta bene.
4. Il mio ragazzo	**vi**	telefonano più.
5. Se volete vedere qualche film di Moretti	**mi**	mandiamo il programma della cinemateca.
6. Rossana, va' a letto! Ormai non	**ci**	spediscono il pacco a casa o se dobbiamo andare a ritirarlo.
7. Non abbiamo capito se	**ti**	compra spesso dei cioccolatini.

Non dimenticare!

Il pronome indiretto di III persona plurale **gli** può essere sostituito da **loro**, che segue il verbo.

Es. Ho detto ai miei colleghi di venire alle 17.00.

Gli ho detto di venire alle 17.00.   Ho detto **loro** di venire alle 17.00.
                                                                    (lingua scritta)

N.B :

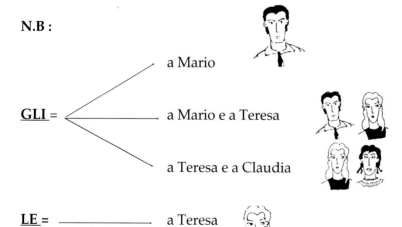

GLI =
- a Mario
- a Mario e a Teresa
- a Teresa e a Claudia

LE = ——————— a Teresa

c) Completa le frasi utilizzando *gli* o *le*:

1. "Che cosa racconterai a tua madre?" " .... dirò che mi hanno rubato la borsa."
2. "Hai già avvisato i colleghi di Milano?" "Sì, ... ho mandato un fax."
3. Che maleducati i tuoi amici! .... ho prestato la tenda per un mese e loro non mi hanno neanche ringraziato!
4. Gloria non ci ha pensato due volte; appena .... hanno offerto il posto a Roma ha accettato subito.
5. "Andrea, hai telefonato alle tue sorelle?" "Non ho avuto tempo, ma .... telefono stasera."
6. " È questa la figlia di Carla?" "Sì, hai visto quanto .... somiglia?"

Osserva

1. "Scusi, professore, Le posso fare una domanda?" "Prego!"
2. "Signorina, Le lascio il numero del mio cellulare." "Va bene, grazie."
3. Signore e signori, Vi presento il più grande mago del mondo...

Facciamo il punto

PRONOMI INDIRETTI - FORMA DI CORTESIA

Abbina i pronomi alle persone corrispondenti *(cfr . pag. 237 II)*:

	PRONOME SOGGETTO	PRONOME INDIRETTO
SING.	Lei	....
PLUR.	Voi	....

N.B.: Per la forma di cortesia plurale esiste una variante meno frequente perché molto formale: **"Loro"**.
    Es.: Posso offrire Loro un digestivo, signori?

d) Completa:

1. "Come .... sembrano queste tende per il nostro soggiorno, Ugo?" "Belle, ma forse un po' troppo colorate."
2. "Allora, ... è piaciuta la mostra, signora?" "Abbastanza. .... sono piaciute soprattutto le nature morte."
3. " .... va di passare da noi più tardi?" "Grazie, ma questa sera abbiamo già un impegno. Sarà per un'altra volta."

4. Non riesco più a capire Guido: ha tutto, non .... manca niente e si lamenta sempre.
5. "Hai già parlato con Carmela?" "Sì, come d'accordo, ... ho chiesto di non venire venerdì."
6. Adesso sapete tutto del nostro passato, e voi che cosa .... raccontate del vostro?
7. I miei professori erano molto severi ma io .... facevo un sacco di scherzi.
8. "Cameriere, che antipasto .... consiglia?" "In questa stagione Vi consiglierei le ostriche."
9. Le maestre dei miei figli hanno avuto molta pazienza quest'anno. .... vorrei almeno mandare dei fiori.
10. "Rita, ... andrebbe una cioccolata calda?" "Mmmmm, buona idea, magari con la panna... ."

e) Cerca gli errori:

1. Quando ho visto Maria Grazia così euforica gli ho chiesto che cosa era successo e lei me ha raccontato che suo padre le aveva regalato un motorino per il suo compleanno.
2. Adesso telefono ai miei genitori e loro chiedo se posso lasciargli Roberto per il fine-settimana, così posso venire con voi a Londra.
3. Signor Grandi, prima di un lungo viaggio Gli consiglio di cambiare le ruote.

PRONOMI TONICI

Leggi:

1. "<u>A noi</u> non hanno ancora risposto, e <u>a voi</u>?" "<u>A me</u> sì, ma <u>a lui</u> no."
2. "Scusi, hanno dato anche <u>a Lei</u> questo formulario da compilare?" "No, <u>a me</u> no."
3. "Hai parlato con Gabriella e i suoi amici?" "Sì, però l'idea di andare allo zoo non va né <u>a lei</u>, né <u>a loro</u>."
4. "<u>A te</u> piace questo quadro?" "No, non mi piace affatto."

Leggi ancora:

1. "Hai intenzione di uscire proprio <u>con lui</u>?" "Sì, perché?"
2. "Posso venire <u>da te</u> questa sera?" "Vieni pure, ti aspetto."
3. Venite, voglio presentarvi il ragazzo che lavorerà <u>per noi</u> quest'estate.
4. Detto <u>fra noi</u>, Gianni è un gran cretino.

Facciamo il punto

PRONOMI TONICI

me, **te**, **lui**, ecc. sono pronomi "tonici". Quando si usano? *(Cfr. pag. 237 III)*
....
....

E quali sono? Completa *(Cfr. pag. 237 III)*:

SINGOLARE	PLURALE
me	

f) Usa le seguenti espressioni per esprimere il tuo accordo o il tuo disaccordo:

«Anche a me/noi.»
«Neanche a me/noi.»

«A me/ noi no.»
«A me/ noi sì.»

1 «A me piace il peperoncino, e a te?

«..................................»

2 «A me piace l'aglio, e a te?

«..................................»

3 «A noi non piace sciare, e a voi?»

«..................................»

4 «A me piace pescare, e a voi?»

«..................................»

5 «A me va di andare in birreria.»

«..................................»

6 «A me lo squash sembra pericoloso.»

«..................................»

7 «A noi il golf non interessa molto, e a Lei?»

«..................................»

8 «A noi non piace andare in campeggio, e a Lei?»

«..................................»

g) Completa con i pronomi adatti (tonici o atoni):

1. "E i nonni stanno da soli?" " No, mia sorella è rimasta con ...."
2. "Allora, chi viene in moto con ....?" "Federica naturalmente, a .... non piace andare in bici, e poi con te verrebbe in capo al mondo!"
3. Che caldo! .... dispiace se apro la finestra, signora?
4. "Alberto, aspettami in ufficio, ... devo consegnare le copie per Rinaldi."
5. "Pronto, Cecilia, sono arrivati i nuovi cataloghi CASA PIÙ; perché non vieni da ...., così li guardiamo insieme?" "Volentieri!"
6. Che noia! Da quando ha il ragazzo, Vittoria pensa solo a .... e .... telefona tre o quattro volte al giorno.
7. Buongiorno signora, avrei bisogno di parlare con .... per qualche minuto.
8. Abbiamo appena visto i quadri di Sonia e .... sono piaciuti molto.
9. Vorrei una risposta da .... e non da tua madre!
10. Se a Lucia piace la musica italiana, ... possiamo regalare un CD di Zucchero.

h Completa come sopra:

1. "Angela, che cosa .... ha spedito tua zia?"
   ".......... ha mandato una copia del suo articolo."
2. "Signora, vorrei riflettere qualche giorno prima di risponder.......... ."
   "Va bene, allora .... telefono io la settimana prossima..."
3. "Ma perché non .... hai detto che arrivavi? Sai che preferiamo organizzarci con calma."
   "Ma dai, ho voluto far.......... una sorpresa!"
4. "Perché hai raccontato quella vecchia storia a Diana e non a Walter?"
   "L'ho raccontata a .... perché fa parte della famiglia. Forse, un giorno, la racconterò anche a ...."
5. "Che maleducati! Questo da .... non me l'aspettavo. Io non .... parlo più!"
   "Se si sono comportati così, forse dipende anche un po' da ...., no?!"

Attenzione alla posizione del pronome!

Leggi

1. "Dottore, posso telefonar**Le** stasera?" "Sì, **mi** può telefonare dopo le 7."
2. "Caterina, **ti** vorrei presentare il mio nuovo collega Fabrizio." "Piacere!"
3. " Silvio, dovresti far**ci** il favore di comprar**ci** i giornali durante la nostra assenza." "Senz'altro!"

CAPITOLO 15

i) Metti i pronomi adatti nella giusta posizione: prima o dopo il verbo?

Quest'anno, prima di partire per due mesi devo organizzare tutto molto bene.
1. Stasera vado dal portiere e .gli.. dico .X.... di abbassare ogni sera le tapparelle della finestra della cucina. Non devo dimenticare di .... dar........ il mio numero di telefono a Ischia.
2. Devo chiamare Fabrizia e .... devo chieder .... se può annaffiare le piante una volta alla settimana.
3. I gatti restano in casa. Mia madre verrà a .... dar .... da mangiare e a .... cambiar........ la lettiera. Questo è già deciso.
4. Non .... piace .... lasciare la macchina sempre ferma. Ne parlerò a Giulio e .... lascerò .... le chiavi, così può spostarla un po'.
5. La donna delle pulizie dovrebbe lavare il frigorifero. .... scriverò .... un biglietto.
6. Chiederò al postino se .... può far........ il solito favore: consegnare i pacchi ai vicini.

Ecco alcuni tra i verbi più comuni seguiti dai pronomi indiretti:

bastare
convenire
costare
dispiacere
mancare
occorrere
parere
rispondere
piacere
sembrare
servire
somigliare
sorridere
telefonare

N.B. Verbi come "comunicare, domandare, dare, dire, scrivere, ecc." possono essere accompagnati da pronomi indiretti, diretti* e combinati** .

Es.: Io scrivo una lettera a Dario.
  Io gli scrivo una lettera.
  Io la* scrivo a Dario.
  Io gliela** scrivo.

* Vedi capitolo n° 16 ** Vedi capitolo n° 17.

CAPITOLO 16

PRONOMI PERSONALI DIRETTI - PRONOME PARTITIVO "NE"

PRONOMI PERSONALI DIRETTI

Osserva

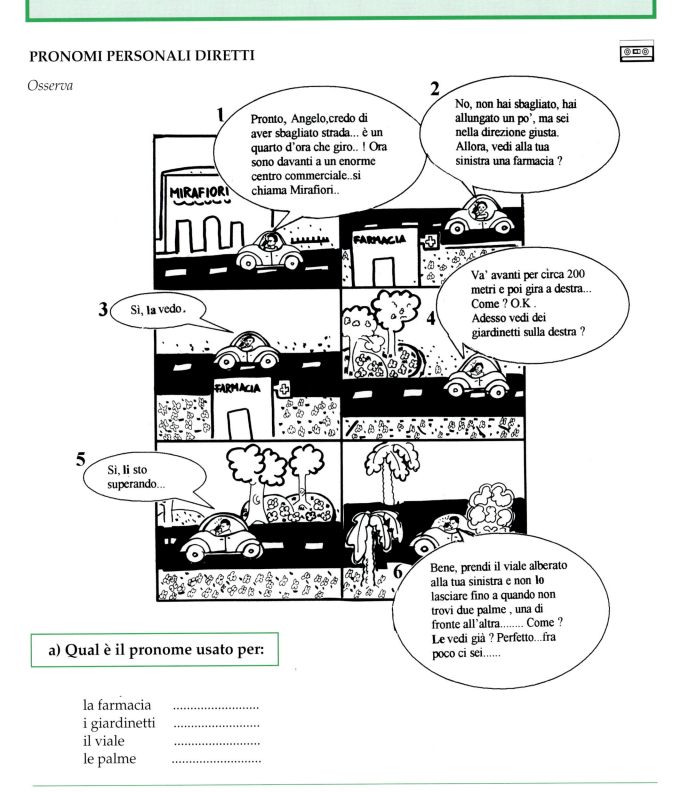

a) Qual è il pronome usato per:

la farmacia ....
i giardinetti ....
il viale ....
le palme ....

CAPITOLO 16

Osserva

Facciamo il punto

PRONOMI PERSONALI DIRETTI

Abbina i pronomi alle persone corrispondenti *(cfr. pag. 237 I)*:

N.B: Le forme dei pronomi diretti delle prime e seconde persone singolari e plurali (io-noi; tu-voi) sono uguali a quelle dei pronomi indiretti (vedi capitolo n. 15). Cambiano solo le terze persone!

Completa (Cfr. pag. 235 I):

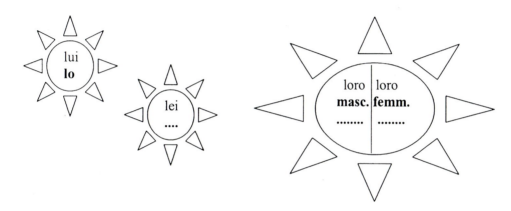

b) Completa le frasi scegliendo i pronomi giusti:

1. Posso parlare io con Luigi perché	**la**	troviamo al mercato in questa stagione.
2. È Pino che deve aiutare Silvana perché	**lo**	prendo anche per te?
3. Vorremmo comprare delle pesche ma non so se	**le**	vedo a pranzo.
4. Se trovo gli asparagi	**li**	conosce da tanto tempo.
5. Ragazzi,	**ci**	dobbiamo accompagnare?
6. Scusate, perché non	**vi**	chiamo più tardi!
7. Adesso non ho tempo, Veronica,	**mi**	riconosci?
8. Alessandro, non	**ti**	avete avvisati?

N.B.: Le forme **la** e **lo** generalmente si apostrofano se sono seguite da un verbo che comincia per vocale o da alcune forme del verbo avere (ho, hai, ha, hanno).

    Es. Aspetto io Valentina e **l'**accompagno a scuola.

        Ho incontrato Sandro e **l'**ho invitato al ristorante.

Le e **li** non si apostrofano mai.

    Es. Queste borse **le** prendo io.

        Questi dischi **li** ho già.

Leggi

1. "Dottor Bindi, La ringrazio moltissimo."
2. "Signora, La richiamo lunedì, d'accordo?"
3. "Signori Bensi, Vi vorrei salutare."
4. "Signorine, Vi accompagno io all'aeroporto."

Facciamo il punto

PRONOMI DIRETTI – FORMA DI CORTESIA

Abbina i pronomi alle persone corrispondenti *(Cfr. pag. 237 II)*:

	PRONOME SOGGETTO	PRONOME DIRETTO
SING.	Lei	....
PLUR.	Voi	....

N.B.: "**Loro**" è la variante più formale di "**Vi**" e segue il verbo.

    Es.: Vorrei invitare Loro a prendere la parola

c) Completa:

1. "Guarda che bella pianta di azalea! Perché non .... compriamo?"
   "Oh, no! Ma non ti sei ancora convinta che tu le piante non .... sai tenere? Muoiono sempre tutte!"
2. Che cretino quel Triggiani! Quando .... incontro fa finta di non veder........ e non .... saluta neanche se siamo sullo stesso marciapiede!
3. "Dove avete trovato questi biscotti all'uvetta?" "Buoni eh ? Mariolina .... prende sempre quando va a Venezia."
4. "Oh, professoressa, che piacere incontrar........ ! Non .... vedevo da molto tempo."
   "Eh, mia cara signora, Lei non .... crederà, ma io viaggio continuamente, molto più di quando ero giovane."
5. "Hai prenotato le cuccette?" "No, volevo far........ ieri ma era sempre occupato."
6. "Stella, domattina alle 6.30 .... vengo a prendere." "Così presto?! .... troverai in pigiama; facciamo alle 7?"

7. "Cosa fai, vieni da noi o .... chiami?" "Se mi dite quando siete in casa .... chiamo in giornata."
8. Gentili Signori, alla fine di questa prima giornata .... saluto e .... ringrazio a nome del comitato organizzatore.
9. "Che ne dici di queste scarpe?" "Un po' stravaganti, direi.." "Forse, ma .... ho pagate pochissimo."
10. "Posso provare questi pantaloni?" "Certo signora, ... accompagno in cabina."
11. "Hai preso tu le mie pantofole?" "Sì, ecco.......... ."
12. "Vieni un momento qui, per favore!" "Sì, ecco.......... ."

PRONOMI DIRETTI TONICI

1. Federico vuole vedere solo **te**!
2. "Ma tu capisci i due inglesi quando parlano italiano?" "Veramente capisco **lei** ma non **lui**."
3. Abbiamo ospitato soltanto **loro** perché non avevamo molto posto in casa.
4. Chissà perché la signora Brown da un po' di tempo saluta **voi** e non **noi**!
5. L'impiegato dell'agenzia ha detto che preferisce chiamare **Lei** a casa piuttosto che Suo marito in ufficio.

Facciamo il punto

lui, me, te, ecc. sono pronomi diretti "tonici".
Quando si usano? *(Cfr. pag. 238 III)*

....

Completa (cfr. pag. 238 III)

PRONOMI TONICI

SINGOLARE	PLURALE
me	

d) Completa i dialoghi con i pronomi diretti atoni o tonici:

1. "Allora, hai deciso di invitar........ i tuoi vicini?" "Non so ancora, perché Walter è simpaticissimo, ma la sua ragazza è una smorfiosa insopportabile. Come faccio a invitare .... e non .... ?"
2. "Detesto questi spot pubblicitari, ... trovo così stupidi!" "Io invece .... guardo perché .... aiutano a imparare l'italiano."
3. "Ma perché invitano sempre a ballare .... e non ....?" "Semplice! So ballare meglio di te!"
4. "Com'è andato il corso a Manchester?" "Benissimo, ... ho trovato geniale!"
5. "Domani è il gran giorno per Laura!" "È vero, vorrei proprio veder........ in chiesa col suo look punk!"
6. "Quando mi sono accorta che l'ispettore stava osservando .... e non badava alla mia lezione, sono arrossita e non sono più riuscita a concentrarmi."

CAPITOLO 16

PRONOME PARTITIVO "NE".

Osserva

Al mercato

> e) Che cosa significa *ne*?

Ne prendo due chili = Prendo due chili ....
Ne posso assaggiare una? = Posso assaggiare ....?

Se la signora vuole comprare tutte le fragole come può dire?
.... compro tutte.
E se vuole comprare solo mezzo chilo?
.... compro mezzo chilo.

Facciamo il punto

PRONOME PARTITIVO "NE".
Che valore ha il "ne"? *(Cfr. pag. 238 IV)*
....

Infatti "due chili", "mezzo chilo", "un po'", "molto", "poco", ecc. sono una parte del tutto.

Leggi:

"Vorrei comprare questo quadro." "Mi dispiace, **non ne** vendo **nessuno**. Li espongo soltanto."
"Hai delle ricette di cucina indonesiana?" "No, **non ne** ho **nessuna**. A mio marito piace solo la cucina italiana."

Facciamo il punto

Nelle frasi negative con il pronome **ne** è necessaria la doppia negazione:
non .... **nessuno/a**

f) Completa con *lo, la, li, le, ne, ne ... nessuno/a*:

1. Quando mia nonna fa gli gnocchi, io .... mangio minimo due piatti.
2. Belli questi due vasi! .... prendiamo per la terrazza?
3. Vedo che il mio tiramisù Le piace. .... vuole ancora un po'?
4. Non mi piacciono queste camicette. Non .... compro ....
5. Hai tante belle collane: perché non .... metti mai?
6. "Avete molti amici italiani?" "No, ... abbiamo pochi, ma .... vediamo spesso."
7. Isabella, hai fatto dei dolci stupendi, ma io non .... posso assaggiare ...., perché ho il diabete.
8. "Quanti errori hai fatto nel test?" "Non .... ho fatti molti."
9. Se manca la frutta, posso comprar........ io qui vicino.
10. "Conosci un buon ristorante a Verona?" "No, non .... conosco .... È tanto tempo che non passo da quelle parti."

PRONOMI DIRETTI NEI TEMPI COMPOSTI

Capitolo 16

Facciamo il punto

Che cosa succede nei tempi composti quando il pronome diretto precede il verbo? *(cfr. pag. 238 V):*

....

Completa con il verbo "vedere" al passato prossimo *(cfr. pag. 238 V):*

	SINGOLARE	PLURALE
MASCHILE	l'* ho visto	__ ....__
FEMMINILE	__* ....__	__ ....__

*N.B.: " lo " e " la " si apostrofano, "li" e "le" no!
- Anche con il partitivo "ne" si deve fare l'accordo:

 ne ho vist**o** uno   **ne** ho vist**a** una
 non **ne** ho vist**o** nessuno   non **ne** ho vist**a** nessuna
 ne ho vist**i** molti   **ne** ho vist**e** molte

g) Combina le domande con le risposte e aggiungi il pronome mancante:

1. Hai portato gli stivali dal calzolaio?
2. Non trovo il pigiama!
3. Come mai non ci sono più sigarette?
4. Sono finite le banane?
5. Qualcuno ha visto la mia maglia blu?
6. Accidenti! Ma dove sono le forbici?
7. Non abbiamo più mandarini!
8. Allora, c'è qualche telefonata per me, oggi?

a) Perché .... ho fumate io.
b) Non so, io .... ho appena mangiate due.
c) No, ... ho dimenticati in macchina.
d) .... avrai dimenticato in albergo.
e) Mariella .... ha usate tutto il pomeriggio.
f) Sì, ... ho messa io in camera.
g) No, non .... hai ricevuta nessuna.
h) Ma come? Sabato, al mercato .... abbiamo comprati tre chili!

h) Completa con i pronomi adatti e aggiungi la desinenza mancante:

1. "Avete spent..... tutte le luci?" "No, ... abbiamo lasciat..... alcune acces..... al secondo piano."
2. "Allora, vediamo che c'è da comprare: la carne ...... abbiamo finit..... a pranzo, il formaggio .... abbiamo mess..... sulla pizza, le uova ...... ho usat..... io per fare la crema, gli asparagi ..... hai mangiat..... tu ieri sera, di carote ..... è rimast..... solo una."
   "Inutile che continui, Luisa, ti accompagno subito a fare la spesa."
3. "Ciao Eugenio! Com'è andata la regata?"
   "Non ci crederai, ma abbiamo vint..... . Gli inglesi ..... abbiamo seminat..... dopo sette minuti, le boe ..... abbiamo passat..... dopo 10 minuti, il vento ..... abbiamo sfruttat..... al massimo e di velocità ..... abbiamo pres..... tantissima perché eravamo affiatati e lo skipper era eccezionale."
   "Magnifico, l'anno prossimo vengo anch'io con voi."

i) Come il precedente:

Davanti a una vetrina

"Guarda quel bikini turchese!"
"Bello, perché non ..... provi?"
"Non pensi che io dovrei portare dei costumi interi?"
"No, basta, ... hai sempre portat....., devi cambiare un po', e poi i bikini brasiliani slanciano la figura."
"Mia cara, se voglio metter..... quel bikini devo perdere almeno quattro chili.."
"Se vieni con me a giocare a tennis dopo l'ufficio ..... perderai due o tre in una settimana!"
"E le mie adorate brioches alla marmellata?"
"Beh, quelle ..... dovresti proprio dimenticare."

l) Come il precedente:

Imprevisti

"Pronto, Erika, come va?"
"Bene, ma cosa c'è, ... sento agitata."
"Sì, sono agitatissima. Quando .... possiamo vedere? O vuoi saper........ subito?"
"Dai, racconta!"
"........ ho rivisto!"
"Ma chi?"
"Come, chi, ... , Mauro!"
"Nooo! E dove?"
"A Venezia. Mia cugina aveva organizzato da ...., nella nuova casa, un incontro di vecchi amici. Aveva invitato .... e Gino, Tim e Laura, i due parigini, Patrizia e Renato e ...., Mauro!"
"Da quanto tempo non .... vedevate?"
"Da sei anni! Pensa, non .... vedevo da ben sei anni!!"
"E allora, com'è, ... hai trovat.. diverso?"
"Fisicamente no, ma ha moglie e tre figli."
"Ah! E .... ha portat.. con lui a Venezia?"
"I figli no, ma .... sì, così ho avuto il piacere di conoscer........ !"
"Che tipo è?"
"È una francesina snob, gracile e freddissima. Tutti .... hanno trovat.. piuttosto antipatica."
"E che faccia ha fatto Mauro quando .... ha presentat..* alla moglie?"
"È rimasto impassibile, ma dopo, quando .... siamo trovat.. soli in terrazza lui, improvvisamente, ... ha baciat..!"
"Oddio, Virginia, ... vedo messa male!"
"Direi proprio di sì!"

*N.B.: Si può dire: a) ti ha presentat**a** o b) ti ha presentat**o** perché l'accordo con il participio passato è facoltativo in presenza dei seguenti pronomi diretti:

MI TI CI VI

Con tutti gli altri pronomi diretti e con il partitivo "ne" l'accordo è obbligatorio.

Ecco alcuni tra i verbi più comuni seguiti dai pronomi diretti:

amare
chiamare
convincere
educare
incoraggiare
invitare
odiare
provare
raggiungere
ringraziare
sapere
sopportare
sposare
stupire
svegliare
tradire
trascorrere

N.B.: Verbi come "comunicare, domandare, dare, dire, scrivere, ecc." possono essere accompagnati da pronomi diretti, indiretti e combinati*.

Es.: Noi diamo <u>la notizia</u> a Bruno.
Noi <u>la</u> diamo a Bruno.
Noi gli diamo la notizia.
Noi gliela* diamo.

*Vedi capitolo n° 17

CAPITOLO 17

PRONOMI COMBINATI

Leggi la lettera

```
    Caro Babbo Natale,
quest'anno ho molte richieste, però sono stata molto brava a casa e a scuola. Sai
che sono la migliore della classe?
Allora, per prima cosa vorrei una bicicletta: me la puoi portare rossa?
E i pattini come quelli di Valeria, con le chiusure dorate, me li porti per fa-
vore?
È vero che ho già molte bambole, però se me ne regali ancora una sarò felicissi-
ma. E quelle meravigliose caramelle morbide che hai messo sotto l'albero l'anno
scorso... me le puoi far trovare anche quest'anno? Non le mangerò tutte in un
giorno, te lo prometto!
Ah, dimenticavo: in famiglia adoriamo il panettone al cioccolato!! Ce ne potresti
portare uno abbastanza grande? Sai, mio fratello è molto goloso e lo divora in
pochi minuti.
Sei davvero un fantastico Babbo Natale!
Tante grazie. Ti mando un bacione.
                                                                    Alessandra
```

a) Quali pronomi combinati ha usato Alessandra?

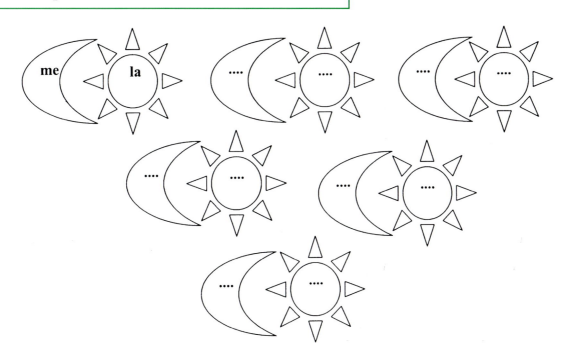

Facciamo il punto

Che cosa cambia se al posto di un pronome ce ne sono due? *(Cfr. pag. 238 I)*

....

Osserva

b) Riporta i pronomi combinati incontrati nelle vignette:

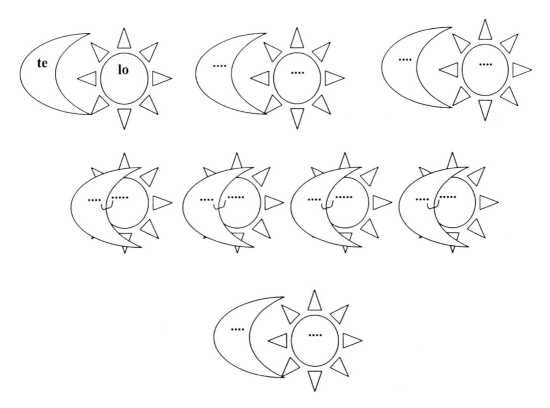

Facciamo il punto

PRONOMI COMBINATI
Completa la tabella *(Cfr. pag. 238 II)*:

PRONOMI SOGGETTO	PRONOMI COMBINATI	
io	me	lo/la/li/le/ne
tu		
lui	glielo/la/li/le/ne	
lei		
noi		
voi		
loro (femm.)		
loro (masch.)		

N.B.:
$$\text{GLIELO} = \begin{matrix} \textbf{gli} + \text{lo} \\ \textbf{le} + \text{lo} \\ \textbf{Le} + \text{lo} \end{matrix}$$

c) Completa le frasi scegliendo i pronomi giusti:

1. Ieri sera si è rotto il telecomando del televisore e stamattina Vito	**me ne**	spiego io.
2. Liliana non sa come scrivere la lettera;	**gliela**	può dare.
3. Se Pedro non è capace di installare il CD-Rom	**gliele**	registra.
4. Stasera non possiamo vedere il film su Rai Due, ma Ivano	**ce lo**	ha portato uno nuovo.
5. I candidati vorrebbero delle informazioni più precise, ma la segretaria non	**glielo**	mando oggi stesso per e-mail.
6. Scusate, ho dimenticato di riportarvi la macchina fotografica,	**te le**	può dettare Lei, per favore?
7. Se vuoi sapere le nuove tariffe dei voli per l'America	**ve la**	porto domani a casa.

Attenzione ai *pronomi riflessivi* di III persona (si)!

Es.: Questo CD è piaciuto tantissimo a Riccardo. Ha detto che **se lo** vuole registrare.
Hanno trovato dei vecchi mobili e ora **se li** stanno restaurando.

d) Completa:

1. "Pina, in quel negozio non posso entrare con il cane; .... posso lasciare un momento?" "Certo!"
2. "Non hai ancora mandato la tessera al nuovo socio?" "No, ma non preoccuparti, ... mando domani mattina."
3. "Accidenti, la mia macchina non parte e tra mezz'ora devo andare a prendere Giacomo all'aeroporto.." "Se vuoi, ... presto io, basta che .... riporti prima delle 7."
4. "Devi fare le valige ai tuoi figli?" " No, ormai .... fanno loro."
5. "Se vi interessano questi vini .... possiamo procurare noi." "Grazie, magari se .... procuri dodici bottiglie ci faresti un piacere."
6. Bianca adora le farfalle al salmone. Perché non .... fai?
7. Se per la festa di Carnevale avete bisogno di altri costumi .... posso dare alcuni io!
8. "Hai fotocopiato i fascicoli per l'avvocato?" "No, ma .... preparo oggi pomeriggio."
9. "Sai quanti dischetti servono a Giorgio?" "................. servono almeno dieci, credo."
10. "Fiorella ha trovato un gattino per la strada e adesso .... vuole tenere. Che facciamo?" "Non .... possiamo certo portare via: .... dobbiamo tenere in casa!"
11. "Pronto, sono Elio Ferreri, mi può passare il responsabile delle vendite all'estero, per favore?" " Certo, ... passo subito."

12. "Signora, Le piacciono le ciliegie? Se permette, ... faccio assaggiare una.." "Mmm.., ... dia pure due chili."
13. "Ho ancora le tue fotografie; pensavo di portar........................ questo pomeriggio. Sei in casa?" " Sì, ti aspetto."
14. Adesso non posso raccontarvi quello che mi è successo; .... racconterò più tardi.

PRONOMI COMBINATI NEI TEMPI COMPOSTI

Facciamo il punto

ACCORDO DEL PARTICIPIO PASSATO
Come si accorda il participio passato? *(Cfr. pag. 239 III)*
....

e) Completa:

1. "Allora quando mi fai una crostata?" "Ma come?! .... ho fatt... una ieri!"
2. "Perché non porti Claudio alla mostra?" "Perché .... ha già fatt... vedere la maestra."
3. "Vi hanno portato il nuovo elenco telefonico?" "Sì, ... hanno portat... proprio stamattina."
4. "Riccardo ti ha fatto vedere tutte le diapositive?" "No, ... ha fatt... vedere solo alcune perché aveva paura di annoiarmi."
5. "Signora, ha trovato le lettere dei clienti tedeschi?" "Sì, e .... ho anche tradott... ."
6. "In che trattoria andiamo?" "In albergo .... avevano consigliat... una di fronte alla chiesa di S.Giovanni."
7. "Hai comprato i cereali per Nicola?" "Sì, ... ho comprat... due scatole."
8. "I ragazzi vi hanno mandato delle foto del loro appartamento?" "No, non .... hanno mandat... nessun... ."
9. "Dove hai trovato questo fantastico gilet?" "Ti piace? .... ha portat... mia sorella dal Cile."
10. "Hai ancora delle praline?" "No, sono finite; le ultime .... ho dat... ieri sera."

Attenzione alla posizione dei pronomi!

"Quando potete darci una risposta definitiva?"
"Possiamo dar**vela** dopodomani."

"Chi potrebbe darmi un buon consiglio?"
"Forse **te lo** potrebbe dare tua suocera!"

"Ma come, i dischi di Lino sono ancora qui? Non dovevate restituir**glieli** prima di Pasqua?"
"Sì, ma poi lui ha deciso di regalar**celi**."

f) Completa con i pronomi adatti (riflessivi, diretti, indiretti e combinati) nella giusta posizione: prima o dopo il verbo?

1. "Elio, ..**mi**.. racconti ..**X**... la barzelletta del contadino e della capra?" "Guarda, proprio quella non .... posso raccontare .... perché ho dimenticato dei particolari, ma se vuoi .... racconto .... un'altra."
2. "Se ..... date ..... il vostro indirizzo in Italia, ... vengo a trovare ..... in agosto."
   "Che buona idea! Ora .... scrivo .... su un foglietto."

3. "..... ricordi ..... il testo della canzone o .... devo stampare ....?"
   "Beh, se ce l'hai nel computer, forse è meglio che .... stampi ...."
4. "Sono di buona qualità le tue pinne?" "Non direi, sono pesanti; a volte .... devo togliere .... in acqua perché mi danno fastidio."
5. A mio fratello non è piaciuta la specialità marocchina che ..... avevo preparato..... . Quando .... ho offerta .... ha detto .....: ".......... sei inventata .... tu o hai seguito una ricetta?" Poi ..... ha chiesto ..... se in casa avevo della mozzarella. Allora ho capito che la specialità .... dovevo finire .... io da sola.

g) Completa con pronomi diretti, indiretti, riflessivi e combinati:

1. Franca ha l'influenza. Ho dei giornali per lei. Oggi vado a trovar.......... e .... porto.
2. Oggi ho chiesto a un passante la strada per il Museo; .... ha risposto che doveva andarci anche lui e che poteva accompagnar.......... .
3. È incredibile: da quando Massimo non lavora di pomeriggio tutte le sue amiche .... telefonano per invitar.......... o per chiacchierare con ....
4. Siamo arrivati a scuola e .... abbiamo trovata chiusa. Le lezioni erano terminate già la settimana scorsa. Ma perché nessuno .... ha detto?
5. Signora, posso chieder.......... un favore? Può telefonare alla dottoressa Rossi e fissare un appuntamento con .... domani alle 17?
6. Giulia ha conosciuto dei ragazzi americani all'Università, ... ha aiutati a trovare un appartamento, è uscita spesso con .... per mostrar.......... i quartieri più interessanti della città e dopo un po' di tempo .... è innamorata di uno di .... che ora abita con .... a Fiesole.
7. Che sfortuna! Io e Katia .... eravamo appena sdraiate al sole quando sono comparse le prime nuvole.
8. Quando vedi Marta potresti chieder.......... di riportar.......... il nostro tavolo pieghevole?
9. "È finita la ciambella alla crema?" "Veramente, ... era rimasto un pezzo, ma Gabriele .... è mangiato a merenda."
10. "Hai chiamato Silvia?" "Sì, ... ho chiamata, ma non c'era. Penso che .... farà viva lei."

h) Metti in ordine le parole:

1. raccontato/Ida/Hai/della/a/avventura/mia/?/No/racconto/,/gliela/domani/.
   ....
2. Hai/tu/poesie/scritto/queste/?/me/No/dedicate/le/,/un/ha/mio/poeta/amico.
   ....
3. erano/telefonini/speciale/in/offerta/I/me/così/comprato/ne/minuscolo/uno/e/sono/.
   ....
4. riviste/avevate/che/Le/mi/chiesto/ve/oggi/le/spedite/per/EMS/ho/.
   ....
5. aveva/di/mucchio/La/un/nonna/camicie/stirare/da/,/allora/io/stirate/gliene/alcune/ho/.
   ....

CAPITOLO 18

FORMA IMPERSONALE (TEMPI SEMPLICI)

Osserva

Che cosa **si** fa ....

d'estate? d'inverno?

a) b) c) d) e) f) g) h)

a) Collega immagini e frasi alle stagioni:

D'estate:
1.b
....
....
....

D'inverno:
....
....
....
....

1. si va in barca - 2. si prende il sole - 3. si scia - 4. si mangiano zuppe calde - 5. si fanno gite in bicicletta - 6. si usano i guanti - 7. si accende il caminetto - 8. si portano i sandali.

179

b) Riporta qui di seguito le forme verbali corrispondenti ai verbi indicati:

1. andare   si ......va.......
2. prendere   si ....
3. sciare   si ....
4. mangiare   si ....
5. fare   si ....
6. usare   si ....
7. accendere si ....
8. portare   si ....

Che cosa cambia ai punti 4, 5, 6 e 8 ? Perché? *(Cfr. pag. 239 I b):*
....

Facciamo il punto

FORMA IMPERSONALE (TEMPI SEMPLICI)
Completa (cfr. pag. 239 I a):

Il pronome impersonale è: ....

Completa (cfr. pag. 239 I b):

La forma del verbo, sempre di III persona, può essere .... o ...., a seconda dell'oggetto.

c) Combina le parti di frasi:

1. Nei musei
2. Secondo me al cinema
3. Nei parchi
4. In autostrada
5. In discoteca
6. In aereo
7. Nei bar italiani
8. In ascensore
9. Forse fra 50 anni
10. Nel '700

a. non si deve sorpassare a destra.
b. si viaggiava soltanto a cavallo.
c. si guardano le opere d'arte.
d. non si dovrebbe sgranocchiare popcorn.
e. si devono tenere i cani al guinzaglio.
f. si prende il caffè in piedi.
g. non si può fumare.
h. si deve spegnere il cellulare.
i. si potranno trascorrere le vacanze sulla luna.
l. si ascolta musica a tutto volume.

d) Completa il testo con la forma impersonale dei verbi tra parentesi:

Quando .... (LAVORARE) non .... (AVERE) molto tempo per occuparsi del **proprio*** corpo. .... (DOVERE condizionale) avere molta disciplina per riuscire a fare un po' di movimento ogni giorno.
Invece .... (USARE) la macchina, ... (PRENDERE) l'ascensore,

.... (PASSARE) molte ore seduti** davanti al computer o alla scrivania e la sera .... (STARE) generalmente in casa a guardare la TV o a leggere perché .... (ESSERE) stanchi** e la pancetta cresce! Molto successo hanno avuto negli ultimi anni i cosiddetti centri benessere dove la sera .... (POTERE) rimanere fino a tardi e dove .... (POTERE) fare diversi esercizi fisici o la sauna. Se poi .... (ESSERE) proprio negati** per lo sport, ci sono sempre massaggiatori esperti a cui affidare muscoli intorpiditi, cuscinetti di grasso e tensioni accumulate durante il giorno.

*N.B.: "proprio" è l'aggettivo possessivo della forma impersonale.
**N.B.: Con il "si" impersonale gli aggettivi, i nomi e in alcuni casi i participi passati (vedi II vol.) sono usati al plurale

FORMA IMPERSONALE DEI VERBI RIFLESSIVI

In Campeggio

... ci si sveglia quando si vuole, ci si fa la doccia fuori, non ci si veste, ma si sta tutto il giorno in costume da bagno, ci si diverte a cucinare tutti insieme, ecc.

Facciamo il punto

FORMA IMPERSONALE DEI VERBI RIFLESSIVI
Che cosa succede con i verbi riflessivi? *(Cfr. pag. 239 II)*

....

e) Completa con la forma impersonale dei verbi tra parentesi:

1. Se .... (RAFFREDDARSI) facilmente .... (DOVERSI) curare tutto l'anno con vitamine e prodotti naturali.
2. Se al sole .... (SCOTTARSI) subito è meglio usare creme ad altissima protezione.
3. Quando .... (ASSUMERSI) troppe responsabilità, ... (STRESSARSI) molto.
4. .... (STANCARSI) presto a fare ginnastica da soli.
5. Se la sera non .... (ADDORMENTARSI) subito, la mattina dopo .... (SVEGLIARSI) nervosi.

f) Trasforma le parti sottolineate nella forma impersonale:

Quando vai in un paese straniero devi aspettarti diverse sorprese: in Inghilterra dovrai abituarti ai rubinetti separati per l'acqua fredda e per l'acqua calda; in Italia non devi meravigliarti se la gente non rispetta la fila; in un bar spagnolo puoi buttare tranquillamente per terra i gusci dei frutti di mare, mentre in Svizzera rischi di essere multato se lasci cadere un pezzo di carta per strada; nei paesi nordafricani non devi cominciare a contrattare sul prezzo se non hai davvero intenzione di comprare qualcosa: se ti allontani senza concludere l'affare i commercianti si offendono; se sei abituato a fare una colazione leggera sarai scioccato dalla quantità di piatti a base di pesce affumicato che servono in Svezia.

si va ....
....
....
....
....
....
....
....
....
....

g) Completa usando la forma impersonale:

Le festività italiane.

In Italia le tradizioni variano da regione a regione, ma, in generale, ... (POTERE) dire che a Natale .... (RIMANERE) in famiglia, ... (SCAMBIARSI) auguri e regali e .... (MANGIARE) dolci tipici. A San Silvestro .... (SALUTARE) l'inizio del nuovo anno con molto spumante e fuochi d'artificio.
A Carnevale .... (MASCHERARSI) e .... (USCIRE) per andare a ballare.

A Pasqua .... (REGALARSI) le uova di cioccolata, e il giorno dopo (Pasquetta) non .... (RESTARE) in casa; .... (ANDARE) al mare o in campagna per la tradizionale escursione che segna l'inizio della primavera.
Il 15 agosto (Ferragosto) .... (FESTEGGIARE) l'estate. Dovunque, al mare, in montagna, in campagna .... (ORGANIZZARE) spettacoli, balli, giochi e pranzi all'aperto; .... (MANGIARE), ... (BERE) e .... (SCHERZARE) quasi per esorcizzare l'inverno e il suo ineluttabile ritorno.

h) Volgi alla forma impersonale:

Se ti diverti a navigare su Internet corri il rischio di diventare dipendente. Una volta che sei intossicato diventi indifferente alle persone con cui vivi e sviluppi bisogni incontrollabili di contatti virtuali.
Se, quando torni dal lavoro, ti metti davanti allo schermo e passi tre o quattro ore collegato in rete, non riuscirai a rilassarti e a dormire bene e a poco a poco i tuoi ritmi saranno sconvolti con conseguenze disastrose per il corpo e per la mente.
Per eliminare il pericolo di intossicazione non devi collegarti a Internet per più di due ore al giorno e ti devi limitare a usare la posta elettronica per comunicazioni veramente necessarie.

Concludendo

- Il pronome personale «**si**» è seguito dalla terza persona del verbo, singolare o plurale a seconda dell'oggetto.
  Es.: Nella mia città si parla molto il dialetto.
     In questo bosco si trovano molti funghi.

- Il pronome impersonale «**si**» deve essere **ripetuto** davanti a ogni forma verbale.
  Es.: Se si vuole parlare bene una lingua straniera si deve andare all'estero.

- L'**aggettivo** possessivo impersonale è «**proprio**».
  Es.: È difficile riconoscere i propri difetti.

- Con i **verbi riflessivi** si usa «**ci si**».
  Es.: Non sempre ci si diverte alle feste.

- Gli **aggettivi**, alcuni **participi passati** e i **nomi** che seguono una forma impersonale sono usati al plurale.
  Es.: Quando si è nervosi si risponde male.
     Quando si è molto occupati non si ha tempo per cucinare.
     Quando si è medici si lavora anche di notte.

CAPITOLO 19

IMPERATIVO AFFERMATIVO E NEGATIVO DEI VERBI REGOLARI
IMPERATIVO DEI PRINCIPALI VERBI IRREGOLARI
POSIZIONE DEI PRONOMI - USO DELL'IMPERATIVO

IMPERATIVO AFFERMATIVO E NEGATIVO DEI VERBI REGOLARI (tu-noi-voi)

Osserva

Gli studenti della III A stanno organizzando la gita di fine d'anno.

a) Riporta negli appositi spazi le forme dell'imperativo utilizzate nei dialoghi:

TU	NOI	VOI
	non perdiamo	

Facciamo il punto:

IMPERATIVO AFFERMATIVO DEI VERBI REGOLARI (tu-noi-voi)

Completa (Cfr. pag. 239 I):

	-ARE	-ERE	-IRE	
tu	port-............	mett-............	sent-**i**	distribu-**isc-i**
noi	port-**iamo**	mett-............	sent-............	distribu-............
voi	port-............	mett-**ete**	sent-**ite**	distribu-**ite**

Che cosa cambia nelle due vignette contrassegnate con un asterisco? E perché? *(Cfr. pag. 239 II)*
....

IMPERATIVO NEGATIVO (tu-noi-voi)

Completa con le forme del verbo "parlare" *(Cfr. pag. 239 II)*:

tu	non ....!
noi	non ....!
voi	non ....!

b) Completa:

1. Se vuoi passare delle vacanze diverse .... (PRENOTARE) un soggiorno in un agriturismo!
2. Volete cambiare aria per il week-end? .... (TELEFONARE) al 4566689! .... (SCEGLIERE) la vostra meta preferita, al resto pensiamo noi.
3. Sei ancora in dubbio? Non hai ancora deciso? Non .... (ASPETTARE) più; le azioni Cofrin sono la forma più moderna di investimento. .... (AGIRE) subito, domani potrebbe essere troppo tardi.

4. Se il mal di testa è ancora un problema per voi, non .... (PERDERE) tempo! (APPROFITTARE) .... della giornata di consulenza gratuita nei centri Acefalix delle principali città italiane.
5. Siete nervosi, agitati, stressati? .... (PROVARE) la tisana Curavel a base di erbe di montagna e buon riposo!
6. Avete già fatto molti tentativi senza successo? Non riuscite a liberarvi della sigaretta? .... (SMETTERE) ora! Ecco la novità! Senza sforzi, senza rischi per la salute. .... (PRENDERE) un appuntamento con la dottoressa Sigmunda che vi rivelerà i segreti del nuovo metodo.
7. Vuoi partecipare al concorso "Scopri e vinci"? .... (RITAGLIARE) questa scheda, ... (GRATTARE) la moneta dorata e .... (SPEDIRE) oggi stesso all'indirizzo indicato! Migliaia di viaggi-premio ti aspettano.

POSIZIONE DEI PRONOMI CON L'IMPERATIVO DI: tu, noi, voi.

Sulla pista di pattinaggio

« Dai*, coraggio! vedrai che oggi impariamo. Mettiti bene i pattini, su, stringi bene i ganci!
Aggrappati a me per alzarti e poi prova ad andare.... Hai dimenticato le protezioni per i gomiti?
Ah, no, mettitele subito! Puoi farti molto male se cadi.

* «Dai» è la seconda persona singolare dell'imperativo di «dare» e si usa come rafforzativo dell'imperativo.

Coraggio, proviamo, lasciati andare .... aspettami, non allontanarti e non prendere tanta velocità........

c) Riporta qui di seguito le forme di imperativo con i pronomi incontrate nei dialoghi:

1. ..mettiti...   2. ....   3. ....   4. ....
5. ....   6. ....   7. ....   8. ....

Facciamo il punto

POSIZIONE DEI PRONOMI CON L'IMPERATIVO DI: tu, noi, voi.
Qual è la posizione dei pronomi nelle forme dell'imperativo affermativo? *(Cfr. pag. 239 III)*
....

E nelle forme dell'imperativo negativo? *(Cfr. pag. 239 III)*
.... o ....

Completa (Cfr. pag. 239 III):

	Imperativo affermativo	Imperativo negativo	
tu	allontana**ti**!	non **ti** allontanare o non allontanar**ti**.*
noi	allontaniamo**ci**!	non .... allontaniamo o non ....
voi	allontana**tevi**!	non .... allontanate o non ....

***N.B.:** la "e" della desinenza dell'infinito cade : "allontanar(e)ti"*
Anche un pronome doppio può trovarsi in due posizioni. Quali? *Completa (Cfr. pag. 239 III):*

Es.: Non cambiarti la giacca   Non cambiar**tela** o .non...............
     Non cambiatevi i pantaloni   .... o ....
     Non cambiamoci le scarpe   .... o ....

d) Completa le frasi mettendo i pronomi nella giusta posizione (prima o dopo il verbo?):

1. Susy, se vai all'edicola, ..X.... ordina..mi... "Bell'Italia", per favore. Eccoti i soldi.
2. Com'è tardi! .... sbrighiamo........, se no perdiamo l'autobus.
3. Prendi il cappotto pesante e .... metti.............! Fa un freddo cane.
4. La vostra amica non è stata per niente gentile: non .... telefonate........ più.
5. Ecco il marzapane preferito di Carlo; dai, ... compriamo............ un bel pezzo!
6. Dev'essere una sorpresa per Vittorio, mi raccomando ragazzi, non .... dite........... niente!
7. Se a Roma trovate i fumetti di cui sono appassionato, ... portate.............. alcuni numeri!
8. Tuo figlio è troppo vivace per una persona così anziana come tua madre; non .... lasciar-................. per il fine settimana.
9. Angela aspetta un fax da voi. .... mandate............. entro oggi!
10. A noi non piacciono le piante grasse, per favore non .... regalate............ più!
11. I Bellini sono degli intenditori ; non .... portiamo........ questo vino da due soldi!

e) Monica e Giacomo hanno comprato la macchina per fare la pasta in casa e devono montarla. Mentre Giacomo spacchetta e mette in ordine i pezzi, Monica gli legge le istruzioni. Usa i verbi all'imperativo per dare istruzioni a Giacomo:

1. Fissare il corpo della macchina al tavolo.

2. Inserire la manovella nell'apposito foro e avvitarla strettamente.

3. A seconda della forma di pasta preferita, scegliere l'ingranaggio specifico e agganciarlo al supporto centrale.

4. Non dimenticarsi di aggiungere il manico di legno alla manovella d'acciaio.

5. Prima di mettere la sfoglia di pasta, assicurarsi che le viti siano tutte ben strette.

1. _____
2. _____
3. _____
4. _____
5. _____

IMPERATIVO DEI PRINCIPALI VERBI IRREGOLARI

Osserva

> f) **Riporta le forme degli imperativi - ma non i pronomi - incontrate nei dialoghi che corrispondono agli infiniti tra parentesi:**

.... (venire)   .... (fare)
.... (avere)   .... (stare)
.... (andare)   .... (dire)
.... (sedere)   .... (dare)
.... (bere)   .... (essere)

Facciamo il punto

IMPERATIVO DEI PRINCIPALI VERBI IRREGOLARI
Completa *(Cfr. pag. 240 IV):*

	TU	VOI	NOI
ESSERE		siate	
AVERE		abbiate	
ANDARE			
SEDERE		sedete	
BERE			beviamo**
FARE	fa'*		
STARE			stiamo
DIRE		dite	
DARE			diamo
VENIRE		venite	

*N.B.: per verbi come "fare, stare, dire, dare, andare" sono ammesse più forme per l'imperativo della II persona singolare:
FARE: fa', fa, fai; STARE : sta', sta, stai ; DIRE : di', dì;
DARE: da', dà, dai; ANDARE: va', va, vai

**N.B.: anche per i verbi irregolari l'imperativo della I persona plurale è sempre uguale al presente indicativo! Es. : Stiamo ancora un po' in terrazza!

Hai notato le forme "**dammi**", "**dimmi**", "**fatti**", "**fallo**"?
Che cosa hanno in comune? *(Cfr. pag. 240 V)*
....

Non dimenticare!
I pronomi che seguono **va'**, **sta'**, **fa'**, **di'** e **da'** (eccetto "gli") raddoppiano la consonante iniziale.
Es.: Se vedi Marta **dille** di telefonare al capo.
     Ti ho fotocopiato gli esercizi; **fanne** almeno 10.

Attenzione!
Il cane ha sete, **dagli** da bere.
La **g** non si raddoppia

da'	m	mm
di'	l	ll
fa'	t	tt
sta'	c	cc
va'	n	nn

Es.: Dammi, dalle, datti, dacci, vammi, ecc.
     Dille, dalle, ecc.
     Fammi, fatti, ecc.
     Stacci, stammi, ecc.
     Vallo, valla, ecc.

Attenzione!

... ai verbi come "**andarsene**":
- (tu) vattene!   non te ne andare / non andartene
- (noi) andiamocene!   non ce ne andiamo / non andiamocene
- (voi) andatevene!   non ve ne andate / non andatevene

g) Unisci le parti di frasi:

1. Appena vedi Susanna
2. Se vuoi un passaggio in macchina
3. Se siete stanchi
4. Quando ti va un caffè italiano
5. Se hai voglia di andare in piscina
6. Hai molti compiti per domani? Allora...
7. Che noia questa conferenza,
8. Se vuoi che facciamo un buon lavoro
9. Non ho tempo per giocare,
10. Se Luigi è un po' depresso

a. vacci subito!
b. dille di chiamarmi in ufficio!
c. fammelo sapere prima delle cinque!
d. vieni a casa mia!
e. sedetevi qui!
f. vattene e lasciami lavorare!
g. dacci un po' più di tempo!
h. facciamoli insieme!
i. fagli una bella sorpresa!
l. dai, andiamocene!

h) Forma delle frasi usando l'imperativo e i pronomi adatti come nell'esempio:

Es. <u>Marco</u> ha bisogno di <u>questo articolo</u>.   (tu dare) Daglielo!

1. <u>Ai bambini</u> piacciono <u>queste caramelle</u>.   (voi dare) ....!
2. C'è un film interessante <u>all'Odeon</u>.   (tu andare) .... stasera!
3. Il tuo gelato <u>mi</u> fa gola.   (tu dare) .... un po'!
4. <u>La mamma</u> è curiosa di sapere com'è andata.   (tu seder<u>si</u>) .... qui e
(tu dire) .... tutto!

5. Sono stanca di andare su e giù per le scale.   (tu andare) .... a prendere (<u>a me</u>) gli occhiali, per favore! Sono di sopra, in bagno.

6. Se hai finito <u>il quadro</u> che era qui ieri   (tu mostrare) .... per favore!
7. Il <u>nonno</u> deve dirti qualcosa,   (tu stare) .... a sentire pazientemente.

8. Non posso dire <u>queste cose</u> a John, non parlo bene l'inglese.   (dire) .... voi!

i) Completa il testo seguente con le forme dei verbi all'imperativo:

Che cosa fare in caso d'incendio

Gentili ospiti,
la nostra casa ha preso tutte le precauzioni atte ad evitare un incendio. Ad ogni modo Vi preghiamo di far memoria dei seguenti avvertimenti.

1. Al Vostro arrivo in albergo .... (INFORMARSI) circa l'ubicazione degli estintori, le uscite di sicurezza ed i sistemi d'allarme.
2. In caso d'incendio Vi sarà dato l'allarme . ... (SEGUIRE) le istruzioni del personale e, soprattutto .... (MANTENERE) la calma.
3. Se notate un focolaio d'incendio, ... (USARE) i sistemi d'allarme ed .... (AVVERTIRE) immediatamente il personale. Nei limiti delle Vostre possibilità .... (CERCARE) di spegnere .
4. Se le uscite di sicurezza dovessero essere bloccate da fuoco o fumo, ... (CHIUDERE) la porta della Vostra stanza ed .... (ATTENDERE) nella stessa ! Con le lenzuola o tovaglie bagnate .... (TAPPARE) le possibili fessure per evitare così l'entrata del fumo e .... (ATTIRARE) l'attenzione dalla finestra.
5. Non .... (USARE) l'ascensore .
6. **IMPORTANTE**: molti incendi sono provocati da chi fuma a letto. .... (PENSARCI)!

l) Dà dei consigli a Patrizia che è depressa, sta sempre in casa, mangia troppi dolci, ecc.:

1. Per prima cosa .... (ESSERE) positiva e non ....(DIRE a me) sempre di no.
2. Poi .... (USCIRE) di casa la sera, ... (VENIRE) al pub dove io lavoro al week-end. C'è un' atmosfera internazionale e ci sono molti ragazzi della nostra età.
3. .... (COMPRARSI) un vestito verde, è un colore che ti dona.
4. Se vuoi, ti posso dare la mia tessera per la piscina, però, mi raccomando, ... (ANDARE) almeno due volte alla settimana!
5. Hai il numero di telefono di Federico? .... (DARE a me), così organizzo una cena a casa mia la prossima settimana.
6. Non .... (COMPRARE) più quelle torte alla panna; .... (FARE a te) delle insalate fresche con tutti gli ortaggi di stagione, ... (MESCOLARE) i colori, ... (INVENTARSI) dei nuovi condimenti.
7. Ultima cosa: .... (ANDARE) dal parrucchiere, ... (CAMBIARE) taglio di capelli e, perché no? .... (METTERSI) quattro orecchini per orecchio: avrai un successone!

IMPERATIVO DELLA FORMA DI CORTESIA (Lei-Loro/Voi)

Osserva

In palestra

1. Signora, oggi è l'ultima volta che ci vediamo. Coraggio! Vedrà che dopo questi esercizi starà benissimo. Si sieda su questo sgabello e alzi le braccia.
2. Inspiri profondamente e sollevi le gambe tenendole unite.
3. Mi raccomando non le pieghi! Lo faccia sei volte.

4. Si alzi e divarichi le gambe. Ecco, rimanga in questa posizione.
5. Ora si pieghi in avanti ad angolo retto per dieci volte.
6. Venga qui e si stenda supina su questo tappetino.
7. Porti le ginocchia verso il petto e la testa verso le ginocchia.
8. Ripeta il movimento almeno dieci volte.

9. Stia pure distesa per qualche minuto.
10. Metta le braccia indietro e mi dia le mani.
11. Si allunghi più che può. Non si irrigidisca, cerchi di rimanere rilassata.
12. Come si sente? Mi dica se è stanca o se vuole continuare ancora.
13. Come dice? Non capisco, non è possibile.....

m) Sottolinea tutte le forme dell'imperativo usate dall'istruttore. Quante sono? ....

Facciamo il punto

IMPERATIVO REGOLARE - FORMA DI CORTESIA

Completa *(Cfr. pag. 240 VI):*

	-ARE	-ERE	-IRE	
Lei	port -.....	mett-.....	sent-.....	cap-**isc-a**
(Loro)*	port-.....	mett-.....	sent-.....	cap-**isc-ano**

* "Loro" è estremamente formale. Generalmente si usa "Voi".

IMPERATIVO IRREGOLARE - FORMA DI CORTESIA

Qual è la forma di cortesia singolare dei verbi irregolari più comuni? Completa *(Cfr. 241 pag. VII):*

andare	vada
dare	
dire	
fare	
rimanere	
salire	salga
stare	
venire	
essere	
avere	

N. B.: per formare l'imperativo di cortesia singolare dei verbi irregolari può essere utile partire dal presente indicativo e cambiare la desinenza **-o** in **-a.**

    Es : presente indicativo (io)   imperativo (Lei)

esc**o**	esc**a**!
bev**o**	bev**a**!
salg**o**	salg**a**!
legg**o**	legg**a**!
facc**io**	facc**ia**!
vad**o**	vad**a**!

Ma:
- so → sappia!
- sono → sia!
- ho → abbia!
- do → dia!
- sto → stia!

POSIZIONE DEI PRONOMI CON L'IMPERATIVO DI: Lei, Loro

Qual è la posizione dei pronomi nell'imperativo di cortesia? *(cfr. pag. 241 VIII):*

....

n) Completa i dialoghi:

1. Davanti a un negozio.

"Mi scusi, posso lasciare qui la macchina?"
"No, signora, la .... (SPOSTARE) subito. Questa è una zona sorvegliatissima dai vigili."
"Ma, mi .... (FARE) un favore. .... (STARE) sulla soglia del Suo negozio e, se vede un vigile mi .... (CHIAMARE). Io Le lascio il numero del cellulare; La prego, è una cosa urgente."
"Signora, ma si rende conto di quello che dice? .... (ANDARSENE) subito o chiamo il carro attrezzi!"
"........................ (GUARDARE), una persona così scortese non l'avevo mai incontrata."

2. Dall'ottico.

"Buongiorno, signora, ... (ACCOMODARSI)!"
"Buongiorno, vorrei provare degli occhiali da sole."
"Sì, mi .... (DIRE) se ha visto qualcosa in vetrina..."
"No, ma ho un'idea molto precisa: vorrei degli occhiali gialli a forma di farfalla..."
"................... (SCUSARE), ma proprio non posso accontentarLa. .... (PROVARE) piuttosto al mercato, sabato mattina, in Piazza Grande."

o) Trasforma dal "tu" al "Lei":

```
MESSAGGIO FAX PER BRUNA MARTINI

    Cara Bruna,
mandami il tuo nuovo indirizzo al più presto. Fammelo arrivare per fax o per
e-mail.
Se non ti è possibile usare il fax o il computer durante il trasloco, chiamami in
ufficio tra le 9 e le 18. Dimmi se sarai a Milano la settimana prossima perché
devo organizzare la riunione del dipartimento.
Non ti stancare troppo ! Quando il grosso è fatto, lascia tutto e fatti una bella
nuotata in piscina.
Coraggio!
                                          Elena
```

    Gentile Signora Martini,
....
....
....
....
....
....

CAPITOLO 19

> **p) Due annunci pubblicitari sono stati mescolati. Prova a separarli formando i due testi originari dopo aver aggiunto gli imperativi dei verbi indicati qui di seguito:**

venga, si affidi, non esiti, schiacci, si rilassi, verifichi

Giornata dell'estetica   **Festa dell'auto nei garage MIRA**
nei centri Cammeo

Se vuole approfittare dei vantaggi di questa giornata dimostrativa, ... a trovarci nei nostri centri estetici; meccanici specializzati ed estetiste diplomate si prenderanno cura della Sua pelle e Le daranno tutte le informazioni tecniche che Lei desidera sui modelli esposti in cabine individuali. .... all'esperienza di chi sa come far scomparire brufoli e valutare l'usato in pochi minuti. .... a provare subito il nuovo prodotto della casa; una volta in cabina, allacciata la cintura, con la maschera che le copre soavemente tutto il viso .... l'acceleratore, e .... la tenuta di strada. Si sentirà come nella poltrona del Suo soggiorno.

I annuncio:
....

II annuncio:
....

USO DELL'IMPERATIVO

A che cosa serve l'imperativo ?

> **q) Abbina le seguenti frasi alla loro funzione comunicativa:**

1. Dai, andiamo in discoteca!

2. Anna, va' subito a scuola!

3. Fate un corso accelerato di francese! Vi troverete meglio.

4. Dammi quelle foto, così me ne faccio una copia.

5. Non accendere il telefonino durante la riunione.

a) Un ordine
b) Un'esortazione
c) Un divieto
d) Un consiglio
e) Una richiesta

CAPITOLO 20

PRONOMI RELATIVI

Osserva

CAPITOLO 20

> **a) Come sono collegate le frasi delle vignette? Riporta negli spazi i pronomi relativi e le eventuali preposizioni:**

1. Forse quella borsa è della signora. *La signora* è appena uscita.
   ....
2. Prendiamo il vino? Sergio ci ha consigliato *questo vino*.
   ....
3. Questo è l'albergo. *In questo albergo* avevano ancora una stanza.
   ....
4. È Sua quella macchina? *Su quella macchina* stanno scrivendo con lo spray.
   ....

Facciamo il punto

PRONOMI RELATIVI
Completa (cfr. pag. 241 I):

Il pronome relativo soggetto e complemento diretto è: _ _ _ .

In tutti gli altri casi si usa una preposizione + il pronome relativo: _ _ _ .

> **b) Completa con *che* o con una preposizione + *cui*:**

1. Finalmente ho trovato gli appunti .... cercavo.
2. "Hai qualcosa .... chiudere questo pacco?" "Sì, ho dello spago."
3. "Non mi piace la cravatta .... ti sei comprato." "Perché? È adatta al vestito .... la metterò!"
4. Hanno invitato un sacco di gente, ... anche il prete .... li ha sposati.
5. Il macellaio .... vado vende solo carne biologica.
6. "Qual era la specialità .... riuscivi meglio quando sciavi?" "Lo slalom gigante."
7. "Dove hai messo lo spumante .... avevo portato su dalla cantina?" "Di là, sulla credenza."
8. Marilena è un'amica .... mi posso fidare ciecamente. Infatti è una delle poche persone .... racconto i miei segreti.
9. "Come si chiama l'impiegata .... mi devo rivolgere?" "Marina Morgan."
10. "Conosce il professore .... terrà la conferenza?" "Sì, l'ho conosciuto al convegno .... si è svolto l'anno scorso a Pisa."
11. È un argomento .... non vorrei insistere.
12. La stazione .... parte il treno è Milano Gallarate e non Milano Centrale.

Leggi

In un paesino, del quale non ricordo esattamente il nome, era arrivato un prestigiatore, il quale prometteva cose straordinarie: far volare ippopotami pesantissimi sui quali si arrampicava delle scimmie, far parlare delle giraffe, alle quali aveva insegnato il greco antico, far dimagrire all'istante dei maiali grazie ad uno speciale champagne prodotto in Mongolia....
Una bambinetta, alla quale avevano insegnato a non credere mai a nessuno e per la quale gli animali erano la cosa più sacra del mondo, andò allo spettacolo e alla fine del primo numero salì sul palcoscenico e disse ai presenti: "L'uomo, al quale avete dato i vostri soldi, è bugiardo e cattivo. Liberiamo quei poveri animali per i quali lui non ha nessuna pietà!!"
La gente, alla quale piacquero le parole della bambina, si prese in casa scimmie, ippopotami, giraffe, maiali ... e il prestigiatore dovette cercarsi un altro lavoro.

c) Riporta qui di seguito i pronomi relativi incontrati:

del quale	....	....
....	....	....
....	....	....

Facciamo il punto

Quali sono i pronomi che si possono usare al posto di "**che**"? *Completa (cfr. pag. 241 II)*:

	SINGOLARE	PLURALE
MASCH.	il quale	
FEMM.		

"**di / a / in / per cui**, ecc." = **del / al / nel / per il quale** (maschile singolare)

= .... (femminile singolare)

= .... (maschile plurale)

= .... (femminile plurale)

N.B.: Le forme " il quale, la quale, ecc. " si usano prevalentemente nella lingua scritta.

d) **Combina le parti di frasi contrassegnate da un numero e da una lettera, scegliendo il pronome relativo giusto:**

1. È un ritmo   sulla quale   a. puoi contare.
2. È una persona   delle quali   b. non rinuncerei mai.
3. Sono decisioni   per il quale   c. vado pazza.
4. Sono piaceri   ai quali   d. non mi pento affatto.
5. È un punto   nella quale   e. non potrei vivere.
6. È una casa   dal quale   f. si vede tutta la città.

Osserva

Qual è il pronome relativo usato dal maestro di sci? .... *(cfr. pag. 241 III)*

Facciamo il punto

CHI
"Chi" è un pronome relativo doppio. Perché? *(cfr. pag. 241 III)*
....

N.B.: "Chi" è frequente nei proverbi e negli slogan pubblicitari.
Es.:   Chi la fa l'aspetti.   Chi ama la vita beve Aquisan.

Attenzione!
"Chi" può essere anche un pronome interrogativo.
Es.: "Chi è quell'uomo con i baffi?"

e) Completa con *chi, che, a cui*:

1. Ho chiesto aiuto a Matilde per finire l'inventario della merce invenduta e lei ha avuto la faccia tosta di rispondermi: "………….. fa da sé, fa per tre ". Poi, però, verso sera, è venuta nel mio ufficio e ha completato le schede ………….. io avevo lasciato in sospeso.
2. Al ricevimento per la consegna dei diplomi mancavano quasi tutti gli studenti ………….. dovevamo dare i certificati. I pochi ………….. erano presenti hanno ricevuto doppia dose di congratulazioni e complimenti.
3. Bisogna ordinare entro la fine dell'anno il materiale ………….. è stato rubato; dopo il 31 dicembre, infatti, non possiamo più utilizzare il denaro ………….. ora abbiamo diritto.
4. Il funzionario ………….. ho presentato il reclamo non sapeva che il regolamento era cambiato.

f) Completa il testo con i pronomi relativi adatti:

La settimana scorsa sono andata in quel negozio di calzature ……………… mi avevi parlato. Le scarpe ……………… erano in vetrina non mi sembravano di buona qualità, ma ho deciso di entrare lo stesso e chiedere se ne avevano delle altre. La commessa ……………… mi sono rivolta è rimasta molto sorpresa della mia domanda e mi ha parlato in modo piuttosto scortese. Allora io le ho detto che avevo un'amica italiana ……………… veniva spesso in quel negozio e ……………… potevo fidarmi in fatto di moda. Con una certa riluttanza la commessa mi ha fatto quindi vedere delle scarpe firmate ……………… avevano però un prezzo astronomico. Allora mi è venuto spontaneo osservare: "Ma ……………… può permettersi di comprare scarpe tanto care, viene in un negozio così?!" Poi ho capito che dovevo proprio uscire…

CAPITOLO 21

CONCORDANZA DEI TEMPI ALL'INDICATIVO:
-VERBO PRINCIPALE AL PRESENTE
-VERBO PRINCIPALE AL PASSATO

CONCORDANZA DEI TEMPI ALL'INDICATIVO: VERBO PRINCIPALE AL PRESENTE, FUTURO O PASSATO CON VALORE DI PRESENTE

Leggi il dialogo

"Allora, Ada, tuo figlio **ha deciso** che continuerà a lavorare per la ditta G.L.S.?"
"Guarda, non lo so, è un po' di tempo che fa il misterioso, ogni tanto **dice** che ne ha abbastanza di fare un lavoro amministrativo, ma non fa nulla di concreto per cambiare..."
"**Vedrai** che prima o poi le cose cambieranno... . **Sai** che la settimana scorsa mi ha chiesto gli indirizzi delle scuole europee e quanto guadagnano gli insegnanti?"
"Ma come?! **Sappiamo** tutti che si era trovato male quando insegnava a Lucca... . È proprio imprevedibile!"

a) Riporta qui di seguito le forme verbali dipendenti da:

	F
ha deciso che	**F**
dice che	___
vedrai che	___
sai che	___
sappiamo che	___

Quali azioni sono **c**ontemporanee? Quali si riferiscono al **f**uturo? E quali si riferiscono al **p**assato? Aggiungi **C/F/P** accanto alle frasi.

Facciamo il punto

CONCORDANZA DEI TEMPI ALL'INDICATIVO: VERBO PRINCIPALE AL PRESENTE, FUTURO O PASSATO CON VALORE DI PRESENTE

Completa lo schema con il verbo "arrivare" e il soggetto "lui" (cfr. pag. 242 I):

VERBO PRINCIPALE   VERBO DIPENDENTE
                                                     AZIONE:
                                       .... futura
sappiamo, sapremo, abbiamo saputo (che) ➤ .... contemporanea
                                       .... passata

b) Unisci le parti di frasi:

1. Marcella è convinta che domani   a. ce la faremo a finire la traduzione?
2. Pensi che entro stasera   b. suo figlio non riuscirà a superare l'esame.
3. Avete saputo che questa mattina   c. il disc-jockey ti fissava tutto il tempo?
4. Se dici che   d. "Suoni" ha vinto il Festival?
5. Ah, Firenze! Vedrai che   e. ti ci troverai benissimo!
6. Avete sentito che ieri sera   f. questa storia non ti interessa, sei un bugiardo.
7. Hai notato che   g. Aldo ha avuto un incidente con la moto?

c) Completa il testo con le forme dei verbi tra parentesi:

Dopo molte esitazioni abbiamo finalmente deciso che Andrea .... (AVERE) un cane come regalo per il suo prossimo compleanno. Lui ha promesso che .... (OCCUPARSENE)* completamente, anche se io so benissimo che noi tutti .... (DOVERE) collaborare alla cura di questo ospite. Io ancora non so se .... (noi PRENDERE) la decisione giusta... Però quando penso all'esplosione di gioia che .... (ESSERCI) quando glielo .... (noi COMUNICARE), mi dico che .... (noi FARE) bene. Devo ammettere che .... (ESSERE)* felicissima anch'io perché finalmente non .... (ANDARE) più da sola a correre nel bosco! L'unica persona che non ha preso bene la cosa è stata la nostra colf; lei ripete sempre che .... (ESSERCI) già abbastanza lavoro senza il cane e che la casa non .... (ESSERE) mai più pulita come si deve.
"Perché non prendete dei pesci rossi?" ha detto un giorno. Lei ne ha alcuni e li ama moltissimo perché non .... (LECCARE), non .... (ABBAIARE) e soprattutto non .... (LASCIARE) peli in giro.

*N.B.: In casi come questi, quando cioè la frase principale ha lo stesso soggetto della dipendente, si può usare "DI + INFINITO":
Lui ha promesso di occuparsene.
Devo ammettere di essere felicissima anch'io.

CAPITOLO 21

CONCORDANZA DEI TEMPI ALL'INDICATIVO: VERBO PRINCIPALE AL PASSATO
(imperfetto, passato prossimo, passato remoto, trapassato)

Leggi il dialogo

"Siete poi usciti sabato sera?"
"Sì, **volevamo vedere un film che** purtroppo non c'era più, allora ne **abbiamo visto un altro che** ci aveva consigliato Valentina, uno francese, abbastanza recente..."
"E di che trattava?" "Era la storia di due sorelle gemelle che dopo 15 anni di vita in comune si sono separate perchè **una aveva deciso che** avrebbe passato il resto dei suoi giorni in Africa col suo uomo......"
"Tutto qui?"
"No, **c'erano un sacco di flashback sui problemi che** avevano avuto con la famiglia.... **Erano andate a vivere insieme a 18 anni**, quando i genitori avevano divorziato e **si erano promesse** che sarebbero rimaste insieme per tutta la vita...."
"Che noia, penso che io me ne sarei andato......"
"No, io non l'ho trovato noioso, ma ero a disagio, perché **sapevo che Tom** sarebbe uscito volentieri ; sai, lui non capiva neanche tutti i dialoghi...."
"Margherita, mi deludi, stai cambiando gusti, eh? Dai, sabato usciamo io e te e andiamo a vedere un western!"

> **d) Riporta qui di seguito le forme verbali dipendenti dalle frasi evidenziate in neretto:**

volevamo vedere un film che .... ____

abbiamo visto un altro che .... ____

una aveva deciso che .... ____

c'erano un sacco di flashback sui problemi che .... ____

erano andate a vivere insieme quando .... ____

*si erano promesse che .... ____

sapevo che Tom .... ____

Quali azioni sono contemporanee? Quali si riferiscono al futuro? E quali si riferiscono al passato? Aggiungi **C/F/P** accanto vicino alle frasi.

*N.B.: In casi come questi, quando cioè la frase principale ha lo stesso soggetto della dipendente, si può usare "DI + INFINITO":
si erano promesse di rimanere insieme tutta la vita.

CAPITOLO 21

Facciamo il punto

CONCORDANZA DEI TEMPI ALL'INDICATIVO: VERBO PRINCIPALE AL PASSATO (imperfetto, passato prossimo, passato remoto*, trapassato)

Completa lo schema con il verbo "uscire" e il soggetto "lui" *(cfr. pag. 242 II)*:

VERBO PRINCIPALE   VERBO DIPENDENTE
                                                    AZIONE:
                                        .... futura
sapevamo, abbiamo saputo,   *che*   .... contemporanea
sapemmo*, avevamo saputo   .... passata

e) Unisci le parti di frasi:

1. Gli studenti sapevano che
2. Ieri avevano annunciato che
3. Appena arrivata ho capito che
4. In agosto? Ma non avevate detto che
5. Ero certa che dopo tanti anni
6. Ci aveva detto Marco che

a. c'erano stati i ladri in casa.
b. sareste partiti in settembre?
c. il professore era malato?
d. non mi avrebbe riconosciuta.
e. i voli non sarebbero stati sospesi e invece...
f. ti eri sposato.

f) Trasforma le seguenti frasi al passato:

1. Preferiamo cenare fuori perché la temperatura è mite.

Ieri sera ....

2. Siamo sicuri che, dopo quello che è successo, Mara venderà l'appartamento e si trasferirà al Sud.

....

3. Stamattina ho saputo che è stato eletto il Presidente.

La settimana scorsa ....

4. Lorenzo non sa se i suoi colleghi lo aspetteranno.

....

g) Completa il testo con le forme adeguate dei verbi tra parentesi:

L'altra mattina dovevo portare dal meccanico la macchina di mio marito. Mentre .... (GUIDARE) per una strada di campagna, una lepre mi .... (TAGLIARE) la strada. .... (io FRENARE) bruscamente e siccome l'asfalto .... (ESSERE) bagnato perché la notte prima .... (PIOVERE) molto, la macchina .... (SBANDARE) e, per un pelo, non .... (FINIRE) contro un albero. Io .... (SPAVENTARSI) moltissimo, le gambe mi .... (TREMARE) e .... (AVERE) male alla testa. .... (GUARDARSI) nello specchietto retrovisore e .... (VEDERE) che .... (AVERE) un taglio sulla fronte. Allora .... (RENDERSI) conto che .... (URTARE) contro il parabrezza perché .... (DIMENTICARSI) di mettermi la cintura di sicurezza. Credo che in futuro non mi .... (SUCCEDERE) più di guidare senza cintura.

h) Come il precedente:

Salvatore racconta:

.... (CONOSCERE) Enrique 15 anni fa all'Università di Leeds. Io .... 19 anni e .... (STUDIARE) inglese. Lui .... (DOVERE) avere già più di 40 anni e .... (FARE) delle ricerche per completare una tesi di dottorato in "Storia delle Religioni". .... (DIVENTARE) amici in breve tempo e verso la fine del mio primo anno lui mi .... (INVITARE) a passare una parte delle vacanze estive a casa sua, vicino a Barcellona. Io .... (ACCETTARE) con entusiasmo, anche se dentro di me .... (CHIEDERMI) se i miei genitori mi .... (PAGARE) il viaggio, dopo tutte le spese che .... (SOSTENERE) per mantenermi agli studi. Per fortuna, una volta tornato in Italia, ... (TROVARE) un lavoretto presso l'edicola del nostro quartiere e .... (RIUSCIRE) a mettere insieme i soldi per il biglietto Roma – Barcellona. Quel matto di Enrique .... (VENIRE) a prendermi in moto, così .... (io DOVERE) lasciare la valigia all'aeroporto. Il "trasbordo" .... (DURARE) una buona ora.
Quando finalmente .... (noi ARRIVARE), sono rimasto senza parole, perché la realtà .... (SUPERARE) in bellezza e in originalità le descrizioni che lui mi .... (FARE) quando .... (noi ESSERE) all'Università.
La casa .... (ESSERE) un magnifico palazzo antico a tre piani, arredato con gusto e opulenza; piante di ogni tipo .... (ARRAMPICARSI) lungo le pareti e le scale e nel corridoio d'ingresso i ritratti degli antenati .... (FISSARE) bonariamente chi entrava, quasi a voler presentare la famiglia e stabilire immediatamente un contatto.
Ma la cosa più sorprendente, di cui Enrique non mi .... (PARLARE) prima, erano gli uccelli: decine e decine di uccelli diversi .... (SVOLAZZARE) liberi nell'ingresso e nei corridoi dei tre piani, cantando, apparentemente felici.
"È l'hobby di mia madre" .... (COMMENTARE) il mio amico sorridendo e poi mi .... (ACCOMPAGNARE) in quella che .... (ESSERE) la mia camera per tre settimane. Le sorprese .... (DOVERE) ancora cominciare!

i) Come il precedente:

Fulvia racconta:

Una giornata no.

Sabato scorso .... (io ANDARE) a Parigi per visitare la Fiera Internazionale dell'Antiquariato. La mia amica Sandra, che .... (ABITARE) a Parigi da oltre 10 anni, mi .... (INVITARE) più volte a passare un week-end a casa sua. Il martedì le ....(TELEFONARE) per avvertirla che .... (io ARRIVARE) sabato sera da lei. Sandra non .... (ESSERCI) e così .... (io LASCIARE) un messaggio sulla segreteria telefonica. Il venerdì mattina Sandra mi .... (CHIAMARE) per dirmi che sabato sera .... (lei TORNARE) a casa un po' tardi perché doveva andare a teatro per uno spettacolo che .... (PRENOTARE) già tre mesi prima. .... (noi DARSI) appuntamento per le 23.00. Lei era sicura che lo spettacolo .... (FINIRE) verso quell'ora e che poco dopo .... (lei RIENTRARE).
Io .... (ARRIVARE) a Parigi intorno a mezzogiorno, con due colleghi antiquari che mi .... (DARE) un passaggio in macchina. .... (ANDARE) con loro all'hotel dove .... (loro PRENOTARE) una stanza, vicino alla Place de la République e, mentre loro .... (RINFRESCARSI) in camera, io .... (BERE) un aperitivo giù al bar. Poi .... (noi VISITARE) la fiera e .... (noi ANDARE) insieme a cena.
Verso le 23 io .... (CHIAMARE) un taxi per andare da Sandra, ... (SALUTARE) i miei amici e .... (USCIRE) dal ristorante. Il tassista .... (DOVERE) aver bevuto un po' perché .... (ESSERE) molto allegro e mentre .... (GUIDARE) picchiettava il volante al ritmo della musica che .... (ASCOLTARE) a tutto volume.
Io non .... (SENTIRSI) molto al sicuro, e non .... (VEDERE) l'ora di arrivare a casa di Sandra. Così, quando finalmente .... (ARRIVARE), ... (PAGARE) frettolosamente il tassista con una banconota di grosso taglio e .... (PRECIPITARSI) fuori della macchina correndo come una matta nel buio verso il portone della salvezza. Ma, dopo aver suonato quattro o cinque volte .... (RENDERSI) conto che Sandra non .... (ESSERCI). .... (STARE) per avere una crisi di panico, ma .... (RIUSCIRE) a restare abbastanza lucida per trovare una soluzione. Mentre .... (RIFLETTERE) e .... (TREMARE) dal freddo .... (VEDERE) un uomo che .... (AVVICINARSI) a grandi passi. "Che sarà di me?" mi sono chiesta, ormai in preda al panico... ma per fortuna lo sconosciuto .... (ESSERE) un inquilino del palazzo che, tra l'altro, ... (CONOSCERE) Sandra e che mi .... (FARE) entrare nel portone. Dopo qualche minuto l'ho visto scendere con uno sgabello su cui .... (io PASSARE) ancora una buona ora. Sandra .... (ARRIVARE) verso l'una scusandosi per il ritardo, ma io .... (ESSERE) così stanca che .... (VOLERE) solo andare a letto. Mentre .... (io METTERSI) il pigiama .... (AVERE) un dubbio: .... (io GUARDARE) nel portafoglio e... sì, il tassista mi .... (DARE) solo gli spiccioli e .... (TENERSI) una sostanziosa mancia!

INTERMEZZO 6

SICCOME POICHÉ PERCHÉ DATO CHE VISTO CHE ANCHE SE

Leggi i dialoghi

1. "Ciao Stefano! Donatella non viene?"
   "No, mi dispiace, prima di venire qui siamo passati dai suoi e **siccome** sua madre non si sentiva bene è rimasta con lei".

2. "Quando finiscono le lezioni?"
   "Purtroppo quest'anno durano una settimana in più, **dato che** abbiamo sospeso i corsi per le elezioni".

3. "Allora, Giovanni, partecipiamo alla maratona il mese prossimo?"
   "OK, ci provo, **anche se** questa volta non mi sento abbastanza allenato".

4. "Come mai hai preso la strada più lunga?"
   "**Perché** ci sono lavori in corso sulla tangenziale".

Osserva

Siccome sua madre non si sentiva bene, Donatella non è venuta =
Donatella non è venuta, **perché** / **poiché*** sua madre non si sentiva bene.

Ho preso la strada più lunga, **perché** / **poiché***ci sono lavori sulla tangenziale =
Siccome ci sono lavori sulla tangenziale, ho preso la strada più lunga.

***poiché** si usa soprattutto nella lingua scritta.

a) Completa:

1. .... i contratti dei ferrovieri non sono stati ancora modificati, il sindacato ha annunciato quattro ore di sciopero per martedì prossimo.
2. .... la mia carta di credito non funzionava, ho dovuto pagare con un assegno.
3. La segretaria ha preso una settimana di ferie, ... in questo periodo non abbiamo molto lavoro.
4. Proverò a riparare la portiera della macchina, ... non sono un esperto meccanico.
5. Il colore della facciata non è male, ... in genere io preferisco tinte più delicate.

b) Combina le parti di frasi aggiungendo la congiunzione adatta:

1. Abbiamo preso il treno. C'era ghiaccio sulle strade.
   ....
   ....

2. I supermercati hanno dovuto ritirare dal commercio i prodotti della Cibilux. Questi prodotti contenevano delle sostanze nocive.
   ....
   ....

3. Il centro era chiuso al traffico. Ho preso la metropolitana.
   ....
   ....

4. Le condizioni del mare non erano ideali. Nicola e Piero hanno voluto provare la nuova barca.
   ....
   ....

CAPITOLO 22

UN PO' DI TUTTO
ESERCIZI SUPPLEMENTARI

I

UN PO' DI LETTERE

a) Come si legge?

Roberto Corsinovi (...erre, o, bi, e, erre, ti, o - ci, o, erre, esse, i, enne, o, vi, i.................)
Mario Sponza (..)
Dellis Georges (..)
Gappmayr Elisabeth (..)
Gonzalez Mari Carmen (..)

b) Il mio e-mail è...:

meyer.tim@diatur.natepar.lu
(emme, e, ipsilon, e, erre, punto, ti, i, emme, chiocciola, di, i, a, ti, u, erre, punto, enne, a, ti, e, pi, a, erre, punto, elle, u)

franco.dori@club.ina.it

(..)

anita.de.backer@srt.cec.pe

(..)

N.B.: L'alfabeto si trova nel compendio grammaticale *(cfr. pag. 242 I)*

II

UN PO' DI NUMERI

Come si dice/scrive?

a) In albergo. - Mi dà la chiave della...?

5 *cinque* ....

10 ....

110 ....

205 ....

322 ....

417 ....

567 ....

b) A teatro - Ho il posto in...:

6° (.....sesta..................) fila, numero 12 (.....dodici...................)
11° (..............................) fila, numero 15 (..................................)
17° (..............................) fila, numero 31 (..................................)
19° (..............................) fila, numero 48 (..................................)

c) Il numero del mio cellulare è...:

021 67 89 71 (zero ventuno sessantasette ottantanove settantuno)
054 98 11 55 (..)
013 00 59 28 (..)

d) Il mio fax è...:

0033 / 46 58 94   (..)
00352 / 021 26 88 75 (..)

e) Questo quadro è del...:

'200 (Duecento............)*
'500 (...........................)
'700 (...........................)

*milleduecento

f) Sono nato/a ....:

il   4.4.1955   (quattro aprile millenovecentocinquantacinque..........................)
l'   8.7.1954   (..)
il 17.6.1978   (..)
il *1. 5.1986   (..)

*Soltanto per "1" si usa il numero ordinale: **primo**!

g) Completa gli assegni scrivendo le cifre in lettere:

190 EURO	300 EURO
....	....

547 EURO	176 EURO
....	....

CAPITOLO 22

h) Ricordi come si scrivono questi numeri?

1.000 ....
1.763 ....
2.000 ....
10.891 ....
1.000.000 ....
2.500.000 ....

i) Stabilisci l'ordine d'arrivo:

1. *Primo* è arrivato un italiano (medaglia d'oro)
2. *Secondo* è arrivato un inglese (medaglia d'argento)
3. *Terzo* è arrivato un francese (medaglia di bronzo)

l) Come si legge?

Carlo **V** (Carlo **quinto**)

Luigi **XIV** (Luigi *quattordicesimo*)

Papa Paolo **VI** (*SESTO*)

Papa Giovanni **XXIII** (*VENTITREESIMO*)

Piazza **XI** Reggimento Bersaglieri n° 60
I 34100 Trieste (*UNDICESIMO*)

m) Completa:

> secondo quinto ottavo decimo
> dodicesimo primo terzo sesto
> undicesimo quarto nono settimo

1. La gioielleria è al ...secondo... piano.
2. Il laboratorio d'analisi è al ...quinto... piano.
3. L'asilo è al ...primo... piano.
4. Gli studi legali sono all' ...ottavo... piano.
5. La palestra è al ...dodicesimo... piano.
6. La lavanderia è al ...decimo... piano.
7. La scuola di musica è al ...settimo... piano.
8. La sartoria è al ...terzo... piano.
9. Gli uffici amministrativi sono al ...nono... piano.
10. Lo studio dentistico è al ...quarto... piano.
11. La pellicceria è al ...sesto... piano.
12. La scuola di ballo è all' ...undicesimo... piano.

12°	palestra
11°	scuola di ballo
10°	lavanderia
9°	uffici amministrativi
8°	studi legali
7°	scuola di musica
6°	pellicceria
5°	laboratorio d'analisi
4°	studio dentistico
3°	sartoria
2°	gioielleria
1°	asilo

N.B.: Un elenco dei numeri cardinali e ordinali è presente nel compendio grammaticale *(cfr. pag. 243 II)*

III

UN PO' DI INTERROGATIVI

Inserisci i seguenti interrogativi al posto giusto:

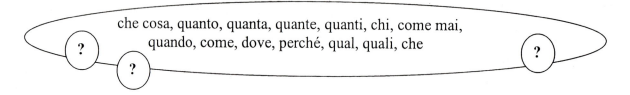

che cosa, quanto, quanta, quante, quanti, chi, come mai, quando, come, dove, perché, qual, quali, che

1. Allora, ... pensate di partire?
2. Ma .... hai fatto a perdere la testa per quel mascalzone?
3. Giorgia, ... hai messo le posate e i tovaglioli di carta?
4. Scusi, ... costano questi tulipani?
5. "............ maionese ti serve?" "Un tubetto."
6. Tua figlia è un fenomeno! Ma .... lingue parla?
7. .... panini al prosciutto devo ancora preparare?
8. Che confusione! .... sono i vestiti che posso mettere via?
9. Non ti capisco, ... vuoi dire con questo?
10. .... viene in macchina con me?
11. .... impari l'arabo?
12. .... genere di musica vuoi ascoltare?
13. .... è il tuo cantante preferito?
14. .... sei ancora qui? Non dovevi essere in ufficio?

IV

UN PO' DI PREPOSIZIONI

a) Completa con le preposizioni semplici:

ANDARE a.., in.. , da...

1. "Dove andate così di corsa?" "............ biblioteca e poi .... banca."
2. "Andiamo .... bere qualcosa?" "Sì, ma non .... un locale dove si fuma."
3. "Quando vai .... Milano?" "Dopodomani."
4. Se andate .... Austria dovete visitare Salisburgo.
5. Beatrice, se vai .... lavanderia puoi portare anche la mia gonna?

b) Completa con le preposizioni semplici o articolate:

DOVE VAI?

.... mare, ... Stati Uniti, ... mercato, ... trattoria, ... macellaio, ... sarta, ... parrucchiere, ... ristorante, ... vacanza, ... stazione, ... lavoro, ... Como, ... aeroporto, ... ufficio, ... meccanico, ... garage, ... chiesa, ... teatro, ... Umbria, ... festa di Delia, ... nuotare, ... parco.

c) Completa con le preposizioni semplici:

ABITARE a.., in.., da...

1. "Non parli tedesco?" "Ma da quanto tempo abiti .... Germania?"
2. "Quando saremo in pensione andremo ad abitare .... Siena."
3. "Ornella vive da sola .... Verona?" "No, per il momento abita .... sua zia, ma sta cercando un appartamento."
4. "Non è facile abitare .... sei .... una casa con due camere da letto."
5. "Da quando abitiamo .... campagna riceviamo pochissime visite."

d) Completa con le preposizioni semplici o articolate:

DOVE ABITI?

..... periferia, ... via de Rossi, ... mia sorella, ... Sicilia, ... Messina, ... secondo piano, ... solo, ... un castello, ... piazza Verdi, ... estero, ... centro.

e) Completa con le preposizioni semplici:

VENIRE a.., in.., da...

1. ".......... dove viene Richard?" ".......... Boston."
2. Volete venire .... palestra con noi?
3. Vieni .... prendermi domani sera o vengo io .... te?
4. Che fate, venite .... lezione o rimanete in mediateca?
5. Paola vieni .... Parigi con me per tre giorni?

f) Completa con le preposizioni semplici o articolate:

DA DOVE VIENI?

..... Londra, ... casa tua, ... ufficio, ... scuola, ... Inghilterra, ... Stati Uniti, ... banca, ... stadio, ... grandi magazzini, ... ospedale.

V

UN PO' DI VERBI CON PREPOSIZIONI (REGGENZE)

Completa le frasi con le preposizioni richieste dai verbi. Attenzione: in alcuni casi la preposizione non è necessaria!

1. Vado .... comprare le sigarette.
2. Dovete ancora finire .... studiare?
3. Olga ha deciso .... entrare in politica.
4. Sembrava impossibile .... trovare quell'anello.
5. Perché non smetti .... fumare?
6. Non siamo riusciti .... trovare neanche un biglietto.
7. È difficile .... camminare su queste pietre.
8. Bisogna .... comprare il pane.
9. L'ho detto .... farlo contento.
10. Preferisco .... prendere una birra.
11. Non è necessario .... parlare con il capo.
12. Avete provato .... telefonargli all'ora di pranzo?
13. Non credere .... convincermi: ho la testa dura, io!
14. Si sono decisi .... introdurre l'orario flessibile.
15. Dicevo così, tanto .... scherzare.
16. Sarebbe opportuno .... chiederle il permesso.
17. Devo ancora imparare .... usare lo scanner.
18. Ha intenzione .... parlargli chiaramente?
19. Li abbiamo convinti .... provare ancora una volta.
20. Mi sembra troppo bello .... essere vero.
21. Crede .... essere un genio.
22. Occorre .... avere molta pazienza con loro.
23. Ha cominciato .... nevicare.
24. Qualcuno ha tentato .... aprire la porta!

VI

CE L'HO

Completa le risposte usando:

> ce l'ho   ce le abbiamo   ce ne ha
> ce li ho   ce ne abbiamo
> ce le hanno

1. "Susanna, hai il telefonino?"
   "No, non .... perché lo odio."
2. "Livia, hai tu la chiave della cassaforte?"
   "Sì, ... in tasca."
3. "Mamma, hai ancora i quaderni di quando ero alle elementari?"
   "Sì, ... tutti."
4. "Ragazzi, avete le schede telefoniche?"
   "No, non .... , dobbiamo comprarle."
5. "Avete ancora delle pastiglie per la tosse?"
   "Sì, ... un pacchetto."
6. "Mi serve una gomma, chi .... una in più?"
7. "Hanno preso le catene?"
   "No, perché non ...."

VII

QUALCHE   ALCUNI/E   UN PO' DI

a) Completa utilizzando *qualche* o *alcuni/e*:

1. "Per favore, mi presti .... disco di jazz?"
   "Sì, volentieri, ne ho comprati .... proprio .... giorno fa."
2. "Che hai preparato per la cena di stasera?"
   "Delle lasagne alle melanzane e .... insalate."
3. Lo so che Giorgio è un burlone, ma .... volta esagera con le sue battute.
4. In settembre vorrei passare .... giorno in montagna.
5. Simone sta lavorando e non vuole essere disturbato per .... ora.
6. Vorremmo proporre .... modifiche al programma.

b) Rispondi utilizzando le parole nel riquadro e *qualche* o *un po' di*:

camicia libro
lievito tofu
frutta

1. "Che cosa metti in quella borsa?"
   "……………………………"
2. "Che cosa c'è ancora da stirare?"
   "……………………………"
3. "Ti mancano molti ingredienti per la pizza?"
   "No, solo ………………"
4. "Volete qualcosa dal negozio cinese?"
   "Sì, grazie, ………………"
5. "Che cosa ti va per dessert?"
   "Solo ………………"

VIII

PUÒ   PUOI   PIÙ   POI

Completa con *può, puoi, più, poi*:

1. Paola, ……………… venire a casa mia domani alle tre?
2. Scusi, ……………… dirmi qual è la strada per la stazione?
3. Agnese non deve ……………… occuparsi della casa da quando sua madre abita con lei.
4. Se la nonna ……………… accompagnare Mariolina a scuola, io esco subito.
5. La mattina mi lavo, mi vesto, ……………… faccio colazione e vado in ufficio.
6. Il medico mi ha consigliato di non bere ……………… caffè.
7. Pronto, signora Bianchi, per favore ……………… darmi il numero di telefono dell'ufficio spedizioni?
8. Perché non andiamo prima in pizzeria e ……………… al cinema?
9. Ida mangia molto ……………… di me, ma è magrissima.
10. Se tu ……………… sostituirmi la settimana prossima, io ti faccio le lezioni dal 20 al 25.

IX

DURANTE   PER   MENTRE

Completa con *durante, per, mentre*:

1. Ho studiato il russo …………… tre anni all'università, ma oggi riesco a dire solo qualche parola.
2. …………… l'estate le grandi città italiane si svuotano.
3. "Che ti è successo?" "Mi sono slogata la caviglia …………… ballavo."
4. È un po' tardi, vi dispiace scendere qui? Così …………… voi fate il check-in, io vado a parcheggiare.
5. Se sento dei rumori …………… la notte non riesco più ad addormentarmi.
6. Cambiamo argomento! Abbiamo parlato di politica …………… più di due ore.

X

SE SI QUANDO

Completa con *se, si, quando*:

1. Accetto di fare questo lavoro solo .... me lo chiede il direttore.
2. .... stasera non ho troppo sonno guarderò il documentario sull'Antartide che comincia alle 23.00.
3. .... si è abituati a fare sport ogni giorno, ... sta male .... smette.
4. .... Orietta e Mimmo arrivano entro le 20 possiamo cenare insieme.
5. .... i ragazzi tornano da scuola fanno merenda con pane e marmellata.
6. .... è invitati è consigliabile essere puntuali.
7. Stavo proprio per telefonare alla polizia .... mi ha chiamato.
8. .... non mi informi almeno qualche giorno prima della data della cerimonia non so .... riesco a liberarmi e a partecipare.
9. .... fa una promessa bisogna mantenerla.
10. Chi mi sa dire .... cominciano le vacanze?

XI

LA DOPPIA NEGAZIONE

Inserisci *non ... mai (2), non ... nessuno/a, non ... niente, non ... neanche, non ... più*:

Due mesi fa, in Tunisia, ho visitato un paesino di circa 100 abitanti in cui .... c'era davvero .... a parte le case, la moschea e il caffè.
Le persone sedute nella piazzetta .... parlavano .... lingua straniera, ma siamo riusciti a capirci.
.... c'erano .... stati turisti e .... c'era .... un albergo. Sono stato ospitato in una casa privata che si affacciava direttamente sul mare. La sera, sul balcone si godeva una pace assoluta. .... si sentiva .... rumore a parte quello lievissimo delle onde e la melodia dei grilli. A colazione ho mangiato del formaggio fresco che .... avevo .... assaggiato prima.
Dopo questa esperienza penso che .... tornerò .... nei grandi alberghi superaccessoriati in cui c'è tutto ma dove, forse, manca l'essenziale.

XII

CHE COSA MANCA?

> **Completa il testo aggiungendo articoli, preposizioni, verbi, aggettivi possessivi, pronomi relativi, dove necessario:**

Un giorno avevo accompagnato ……………… figlio a una giornata di giochi nel bosco, organizzata ……………… un'associazione sportiva.
Quando siamo arrivati ……………… già molte macchine sul piazzale, ……………… il parcheggio vicino era pieno. Abbiamo lasciato la macchina in una fila che si ……………… formando e ci siamo allontanati. ……………… circa due ore siamo tornati alla macchina, ma, ……………… ci avvicinavamo, abbiamo sentito un rumore continuo, come un sibilo ……………… diventava sempre più forte. A pochi metri ……………… nostra macchina abbiamo capito: ……………… il rumore dell'aria che usciva……………… pneumatici. Poi, quasi non credevamo ai nostri occhi: accovacciato ……………… alla nostra macchina ……………… il responsabile, ancora all'opera!
"Ma cosa ………………? " ho gridato. " Sto sgonfiando i ……………… pneumatici, signora", ha avuto l'arroganza di rispondere, " perché la Sua macchina blocca la ……………… ." Allora ho cominciato ……………… urlare con tutto il fiato che avevo: "Lei è ……………… incivile, ……………… irresponsabile, ma si rende conto che sono sola col bambino e ……………… le 8 di sera…" Intanto la gente si stava avvicinando attirata ……………… mie urla.
A questo punto credo che lui si sia vergognato e, mentre io ……………… a inveire e ad accusarlo di essere maleducato, rozzo, barbaro ecc., lui è andato ……………… prendere dalla sua macchina ……………… bomboletta spray e ha cominciato a rimettere l'……………… nei pneumatici. Sono rimasta sbalordita. "Allora", ho pensato, "non è la ……………… volta. Questo tipo ha l'……………… di sgonfiare le gomme a ……………… non gli va a genio… !!"

COMPENDIO GRAMMATICALE

Cap. n. 1

I Articoli determinativi singolari

	MASCHILE		FEMMINILE
IL	davanti ai nomi che iniziano per: consonante, tranne *z, s+cons., ps, x, gn (pn)*	LA	davanti ai nomi che iniziano per: consonante
L'	davanti ai nomi che iniziano per: vocale	L'	davanti ai nomi che iniziano per: vocale
LO	davanti ai nomi che iniziano per: – *z,* – *s + consonante* – *ps* – *x* – *i, j, y + vocale** – *gn* – *(pn)***		

NB.:
– Le parole maschili che cominciano per *h* prendono generalmente l'articolo "l'" *(l'hotel, l'habitat, l'harem)*
– Le parole femminili che cominciano per *h* prendono generalmene l'articolo "la" *(la hall, la holding)*.
*– **lo** *jugoslavo,* **lo** *yoga,* ma: **il** *jogging,* **il** *jazz,* perché la pronuncia è diversa!!
(Sempre per una questione di pronuncia: **lo** *champagne,* **lo** *chef,* ecc.)
– Le parole femminili che cominciano per *-i/j/y +voc.* hanno sempre l'articolo "**la**", ma sono piuttosto rare *(la iena, la Jacuzzi, la jeep)*
** **lo/il** pneumatico

II Articoli determinativi plurali

MASCHILE		FEMMINILE	
SINGOLARE	PLURALE	SINGOLARE	PLURALE
IL	I	LA	LE
L'	GLI	L'	LE
LO	GLI		

III Dimostrativi "questo" e "quello"

Per indicare persone o oggetti **vicini** si usa **questo**.
Per indicare persone o oggetti **lontani** si usa **quello**.

IV Aggettivo e pronome "QUESTO"

MASCHILE		FEMMINILE	
SINGOLARE	PLURALE	SINGOLARE	PLURALE
QUESTO	QUESTI	QUESTA	QUESTE

N.B.: "Questo/a" si possono apostrofare davanti alle parole che iniziano per vocale o per "h".
　　　Es.: quest'albergo, quest'opera, quest'hotel

V Aggettivo dimostrativo "QUELLO"

il	quel	i	quei
l'	quell'	gli	quegli
lo	quello	gli	quegli
la	quella	le	quelle
l'	quell'	le	quelle

VI Pronome dimostrativo "QUELLO"

MASCHILE		FEMMINILE	
SINGOLARE	PLURALE	SINGOLARE	PLURALE
QUELLO	QUELLI	QUELLA	QUELLE

Cap. 2

I Articoli indeterminativi: forma singolare

	MASCHILE		FEMMINILE
un	davanti ai nomi che iniziano per: – consonante, tranne quelli che iniziano per *z, s+cons., ps, x, gn, (pn)*; – vocale	una	davanti ai nomi che iniziano per: consonante
uno	davanti ai nomi che iniziano per: – *z,* – *s + consonante,* – *ps,* – *x,* – *i, j, y,* + vocale, – *gn,* – *(pn)*	un'	davanti ai nomi che iniziano per: vocale

N.B.: Per le parole che iniziano per *-h*, per *i/j/y+voc.* e *-pn* vedi le note del capitolo sugli articoli determinativi

II Articoli indeterminativi: forma plurale

MASCHILE		FEMMINILE	
SING.	PLUR.	SING.	PLUR.
un	dei/degli	una	delle
uno	degli	un'	delle

Cap. 3

I Forma singolare del nome e dell'aggettivo

I CLASSE		II CLASSE	
MASC.	FEMM.	MASC.	FEMM.
-O	-A	-E	-E

II Forma plurale del nome e dell'aggettivo

I CLASSE		II CLASSE	
MASC.	FEMM.	MASC.	FEMM.
-I	-E	-I	-I

III Nomi e aggettivi in -a

MASCHILE		FEMMINILE	
SING.	PLUR.	SING.	PLUR.
-A	-I	-A	-E

IV Formazione dell'avverbio
Un gran numero di avverbi si forma aggiungendo all'aggettivo il suffisso –**mente.**

AVVERBIO = AGGETTIVO
- in -O/-A + -mente (Es.: como**da**mente)
- in –E + -mente (Es.: felice**mente**)

V Molto/tanto, poco, troppo
a) "Molto/tanto, poco, troppo" si accordano con il nome quando sono aggettivi.
   Es.: Hai molte telefonate da fare?
b) "Molto/tanto, poco, troppo" rimangono invariati quando precedono un aggettivo/un avverbio o quando accompagnano un verbo.
   Es.: Ho un lavoro molto urgente.
      Oggi abbiamo poco da fare.

Cap. 4

I Presente indicativo di " essere " e " avere "

ESSERE		AVERE	
io sono	noi siamo	io ho	noi abbiamo
tu sei	voi siete	tu hai	voi avete
lui/lei è	loro sono	lui/lei ha	loro hanno

II a) Pronomi della forma confidenziale

SINGOLARE	PLURALE
tu	voi

b) Pronomi della forma di cortesia

SINGOLARE	PLURALE
Lei	Voi
	Loro

NB:
– **Voi** usato al singolare al posto di **Lei** è una variante meridionale.
– **Loro** è usato solo in contesti molto formali.
– **Ella** è una forma di cortesia singolare, molto formale e rara.

Cap. 5

I Presente indicativo dei verbi regolari
I coniugazione
– I verbi della I coniugazione terminano in: **-ARE**
– Il presente indicativo si forma dall'infinito aggiungendo al tema del verbo le desinenze :

I CONIUGAZIONE (-ARE)	
io -o	noi -iamo
tu -i	voi -ate
lui/lei -a	loro -ano

II Verbi in -CARE e -GARE
Si aggiunge **-h-** davanti alla vocale **-i** :

Es.: io cerco / pago noi cer**ch**iamo / pa**gh**iamo
tu cer**ch**i / pa**gh**i voi cercate / pagate
lui / lei cerca / paga loro cercano / pagano

III Verbi in -CIARE e -GIARE
La forma verbale della II persona sing. (tu) termina con una sola **-i** :

Es.: io ba**ci**o noi ba**ci**amo
tu ba**ci** voi ba**ci**ate
lui / lei ba**ci**a loro ba**ci**ano

IV II coniugazione
– I verbi della II coniugazione terminano in **-ERE**
– Le desinenze del presente indicativo sono:

II CONIUGAZIONE (-ERE)	
io -o	noi -iamo
tu -i	voi -ete
lui/lei -e	loro -ono

V III coniugazione
– I verbi della III coniugazione terminano in **-IRE**
– Le desinenze del presente indicativo sono:

III CONIUGAZIONE (IRE)	
io -o	noi -iamo
tu -i	voi -ite
lui/lei -e	loro -ono

VI Verbi della III coniugazione con ..-isc-..
Verbi come "preferire, capire, spedire, ecc." sono regolari ma alcune forme verbali inseriscono **-isc-** prima della desinenza:

Es. io fin-**isc**-o noi finiamo
tu fin-**isc**-i voi finite
lui/lei fin-**isc**-e loro fin-**isc**-ono

Cap. 6

I Presente indicativo dei principali verbi irregolari
ANDARE: vado, vai, va, andiamo, andate, vanno
BERE: bevo, bevi, beve, beviamo, bevete, bevono
DARE: do, dai, dà, diamo, date, danno
DIRE: dico, dici, dice, diciamo, dite, dicono
FARE: faccio, fai, fa, facciamo, fate, fanno
MORIRE: muoio, muori, muore, moriamo, morite, muoiono
PIACERE: piaccio, piaci, piace, piaciamo, piacete, piacciono
PORRE: pongo, poni, pone, poniamo, ponete, pongono
RIMANERE: rimango, rimani, rimane, rimaniamo, rimanete, rimangono
SALIRE: salgo, sali, sale, saliamo, salite, salgono
SAPERE: so, sai, sa, sappiamo, sapete, sanno
SCEGLIERE: scelgo, scegli, sceglie, scegliamo, scegliete, scelgono
SEDERE: siedo, siedi, siede, sediamo, sedete, siedono
SPEGNERE: spengo, spegni, spegne, spegniamo, spegnete, spengono
STARE: sto, stai, sta, stiamo, state, stanno
TENERE: tengo, tieni, tiene, teniamo, tenete, tengono
TOGLIERE: tolgo, togli, toglie, togliamo, togliete, tolgono
USCIRE: esco, esci, esce, usciamo, uscite, escono.
VENIRE: vengo, vieni, viene, veniamo, venite, vengono

II Presente indicativo dei verbi modali
POTERE: posso, puoi, può, possiamo, potete, possono
VOLERE: voglio, vuoi, vuole, vogliamo, volete, vogliono
DOVERE: devo, devi, deve, dobbiamo, dovete, devono.

Cap. 7

Passato prossimo
Passato prossimo = ausiliare (coniugato) + participio passato
Es.: Riccardo **ha comprato** una nuova bici.

I Participio passato dei verbi regolari:

VERBI IN:	PARTICIPIO PASSATO
-ARE (I)	tema del verbo + ATO
-ERE (II)	tema del verbo + UTO
-IRE (III)	tema del verbo + ITO

II Participio passato dei principali verbi irregolari con l'ausiliare "avere":

INFINITO	PARTICIPIO PASSATO
accendere	acceso
prendere	preso
scendere *	sceso
decidere	deciso
dividere	diviso
ridere	riso
chiudere	chiuso
perdere	perso/(perduto)
chiedere	chiesto
nascondere	nascosto
rispondere	risposto
porre	posto
vedere	visto/(veduto)
dirigere	diretto
costringere	costretto
correggere	corretto
dire	detto
leggere	letto
fare	fatto
trarre	tratto
rompere	rotto
tradurre	tradotto

INFINITO	PARTICIPIO PASSATO
produrre	prodotto
scrivere	scritto
friggere	fritto
offrire	offerto
aprire	aperto
vincere	vinto
dipingere	dipinto
piangere	pianto
cogliere	colto
risolvere	risolto
volgere	volto
sciogliere	sciolto
scegliere	scelto
bere	bevuto
sapere	saputo
tenere	tenuto
vivere*	vissuto
dare	dato
muovere	mosso
scuotere	scosso
mettere	messo
discutere	discusso

* **scendere, vivere** possono avere anche l'ausiliare **essere**.

III Verbi con l'ausiliare "essere" - Desinenze del participio passato

Quando l'ausiliare è "essere" bisogna fare l'accordo del participio passato con il soggetto.
Le desinenze del participio passato con l'ausiliare **essere** sono:

MASCHILE		FEMMINILE	
SING. -O	PLUR. -I	SING. -A	PLUR. -E

IV Participio passato dei principali verbi irregolari con l'ausiliare "essere"

I verbi sono raggruppati secondo il tipo di irregolarità.

INFINITO	PARTICIPIO PASSATO
essere	stato !!
stare	stato !!
nascere	nato
esplodere	esploso
scendere*	sceso
dipendere	dipeso
correre*	corso
emergere	emerso
apparire	apparso

INFINITO	PARTICIPIO PASSATO
valere	valso
morire	morto
sorgere	sorto
giungere	giunto
venire	venuto
vivere*	vissuto
rimanere	rimasto
succedere	successo

* **scendere, correre, vivere,** possono avere anche l'ausiliare **avere**.

Cap. 8

I Futuro semplice di "essere" e "avere"

ESSERE		AVERE	
io sarò	noi saremo	io avrò	noi avremo
tu sarai	voi sarete	tu avrai	voi avrete
lui/lei sarà	loro saranno	lui/lei avrà	loro avranno

II Futuro semplice dei verbi regolari

	I CONIUGAZIONE -ARE	II CONIUGAZIONE -ERE	III CONIUGAZIONE -IRE
io	-erò	-erò	-irò
tu	-erai	-erai	-irai
lei/lui	-erà	-erà	-irà
noi	-eremo	-eremo	-iremo
voi	-erete	-erete	-irete
loro	-eranno	-eranno	-iranno

III Futuro semplice dei principali verbi irregolari

1) I verbi **fare, stare, dare** e i loro composti non cambiano la -a in -e:

	FARE	STARE	DARE
io	farò	starò	darò
tu	farai	starai	darai
lui/lei	farà	starà	darà
noi	faremo	staremo	daremo
voi	farete	starete	darete
loro	faranno	staranno	daranno

2) Verbi come **andare, potere, dovere** perdono la **-e-** della desinenza:

andare	andrò
cadere	cadrò
dovere	dovrò
potere	potrò
sapere	saprò
vedere	vedrò
vivere	vivrò

es.: ANDARE
io andrò
tu andrai
Lui/lei andrà
noi andremo
voi andrete
loro andranno

3) Verbi come **venire, tenere, volere** perdono la vocale della desinenza e raddoppiano la **-r-**:

bere	berrò
parere	parrò
porre	porrò
rimanere	rimarrò
tenere	terrò
valere	varrò
volere	vorrò
venire	verrò

es.: VENIRE
io verrò
tu verrai
lui/lei verrà
noi verremo
voi verrete
loro verranno

IV Futuro composto

Futuro composto = futuro dell'ausiliare + participio passato
es.: avrò finito   sarò arrivato/a
N.B.: il participio passato si concorda secondo le regole incontrate nel capitolo n. 7

Cap. 9

I Preposizioni articolate

	il	lo	l'	la	i	gli	le
di	del	dello	dell'	della	dei	degli	delle
a	al	allo	all'	alla	ai	agli	alle
da	dal	dallo	dall'	dalla	dai	dagli	dalle
in	nel	nello	nell'	nella	nei	negli	nelle
su	sul	sullo	sull'	sulla	sui	sugli	sulle
con*	con il/col	con lo	con l'	con la	con i/coi	con gli	con le
per	per il	per lo	per l'	per la	per i	per gli	per le
tra/fra	tra/fra il	tra/fra lo	tra/fra l'	tra/fra la	tra/fra i	tra/fra gli	tra/fra le

*N.B.: con + il = col; con + i = coi (In tutti gli altri casi non è consigliabile combinare l'articolo con la preposizione).

Cap. 10

I Aggettivi possessivi

	io	tu	lui	lei	noi	voi	loro
M. sing.	mio	tuo	suo	suo	nostro	vostro	loro
F. sing.	mia	tua	sua	sua	nostra	vostra	loro
M. plur.	miei	tuoi	suoi	suoi	nostri	vostri	loro
F. plur.	mie	tue	sue	sue	nostre	vostre	loro

II Aggettivi possessivi (forma di cortesia)

	Lei	Voi	Loro
M. sing.	Suo	Vostro	Loro
F. sing.	Sua	Vostra	Loro
M. plur.	Suoi	Vostri	Loro
F. plur.	Sue	Vostre	Loro

III Aggettivi possessivi (la famiglia)
Quando l'aggettivo precede un nome **singolare** che indica un membro della famiglia l'articolo cade (soltanto l'aggettivo "loro" richiede l'articolo: mio figlio, **il** loro figlio). Al plurale l'articolo ritorna: **i** miei figli.

IV Pronomi possessivi
Le forme dei **pronomi** possessivi sono **uguali** a quelle degli **aggettivi** possessivi. Per sottolineare una contrapposizione si usa l'articolo.

Cap. 11

I Verbi riflessivi (tempi semplici)
Es.: PRESENTE INDICATIVO
riposar**si**

io **mi** riposo
tu **ti** riposi
lui/lei **si** riposa

noi **ci** riposiamo
voi **vi** riposate
loro **si** riposano

II Verbi riflessivi (tempi composti)
Con i verbi riflessivi si usa l'ausiliare "essere". Il participio passato si concorda secondo le regole incontrate nel capitolo n. 7.
Es.: Pino si è dimentica**to** / Marta si è ricorda**ta** / Sara e Franca si sono rivist**e**.

III Verbi riflessivi + verbi modali
In presenza di un verbo modale (**volere, dovere, potere**) il pronome riflessivo precede o segue - attaccato all'infinito - le due forme verbali.
Es.: Carla **si** deve alzare presto / Carla deve alzar**si** presto.
Nei tempi composti si usa "essere" se il pronome riflessivo precede le forme verbali, si usa "avere", se il pronome riflessivo è attaccato all'infinito.
Es.: Carla **si è** dovut**a** alzare presto / Carla **ha** dovuto alzar**si** presto.

Cap. 12

I Forma perifrastica
La forma "stare" + gerundio si usa per esprimere un'azione nel suo svolgersi.
Es.: Stanno lavando la macchina.

II Forma perifrastica

La forma "stare" + per + infinito si usa per esprimere un'azione che non è ancora cominciata ma che è imminente.
Es.: Sta per avere un bambino.

Cap. 13

I Imperfetto indicativo di "essere" e "avere"

ESSERE		AVERE	
io ero	noi eravamo	io avevo	noi avevamo
tu eri	voi eravate	tu avevi	voi avevate
lui/lei era	loro erano	lui/aveva	loro avevano

II Imperfetto indicativo dei verbi regolari

	I CONIUGAZIONE -ARE	II CONIUGAZIONE -ERE	III CONIUGAZIONE -IRE
io	-avo	-evo	-ivo
tu	-avi	-evi	-ivi
lui/lei	-ava	-eva	-iva
noi	-avamo	-evamo	-ivamo
voi	-avate	-evate	-ivate
loro	-avano	-evano	-ivano

III Imperfetto indicativo dei principali verbi irregolari

	BERE	DIRE	FARE	PORRE	TRADURRE	TRARRE
io	bevevo	dicevo	facevo	ponevo	traducevo	traevo
tu	bevevi	dicevi	facevi	ponevi	traducevi	traevi
lui/lei	beveva	diceva	faceva	poneva	traduceva	traeva
noi	bevevamo	dicevamo	facevamo	ponevamo	traducevamo	traevamo
voi	bevevate	dicevate	facevate	ponevate	traducevate	traevate
loro	bevevano	dicevano	facevano	ponevano	traducevano	traevano

IV Trapassato prossimo

Trapassato prossimo = imperfetto indicativo dell'ausiliare + participio passato
es.:   Maria aveva detto   Maria era venuta
N.B.: Il trapassato prossimo si usa per indicare un'azione precedente ad un'altra passata.

Cap. 14

I Condizionale semplice di "essere" e "avere"

ESSERE		AVERE	
io sarei	noi saremmo	io avrei	noi avremmo
tu saresti	voi sareste	tu avresti	voi avreste
lui/lei sarebbe	loro sarebbero	lui/lei avrebbe	loro avrebbero

II Condizionale semplice dei verbi regolari

	I CONIUGAZIONE -ARE	II CONIUGAZIONE -ERE	III CONIUGAZIONE -IRE
io	-erei	-erei	-irei
tu	-eresti	-eresti	-iresti
lei/lui	-erebbe	-erebbe	-irebbe
noi	-eremmo	-eremmo	-iremmo
voi	-ereste	-ereste	-ireste
loro	-erebbero	-erebbero	-irebbero

III Condizionale semplice dei principali verbi irregolari.

FUTURO SEMPLICE	CONDIZIONALE SEMPLICE
io farò	io farei
io starò	io starei
io darò	io darei
io andrò	io andrei
io saprò	io saprei
io dovrò	io dovrei
io berrò	io berrei
io rimarrò	io rimarrei
io verrò	io verrei
ecc.	ecc.

es.:

CONDIZIONALE SEMPLICE		
stare	andare	venire
io starei	io andrei	io verrei
tu staresti	tu andresti	tu verresti
lui/lei starebbe	lui/lei andrebbe	lui/lei verrebbe
noi staremmo	noi andremmo	noi verremmo
voi stareste	voi andreste	voi verreste
loro starebbero	loro andrebbero	loro verrebbero

IV Condizionale composto

Condizionale composto = condizionale dell'ausiliare + participio passato
es.: avrei fatto   sarei stato/a
N.B.: il participio passato si concorda secondo le regole incontrate nel capitolo n. 7.

Cap. 15

I Pronomi personali indiretti

PRONOMI PERSONALI INDIRETTI							
soggetto	io	tu	lui	lei	noi	voi	loro
p. indiretto	mi	ti	gli	le	ci	vi	gli

II Pronomi indiretti – Forma di cortesia

	PRONOME SOGGETTO	PRONOME INDIRETTO
SING.	Lei	Le
PLUR.	Voi	Vi

"**Loro**" è la variante più formale di "**Vi**" e segue sempre il verbo.
Es.: "Vorrei ricordare **Loro** di rispettare la data di scadenza per la presentazione della domanda."

III Pronomi tonici

I pronomi tonici si usano per dare enfasi o per sottolineare un contrasto.
Si usano con tutte le preposizioni.

PRONOMI TONICI

SINGOLARE	PLURALE
me	noi
te	voi/Voi**
lui/lei/Lei*	loro/(Loro)**

* Forma di cortesia singolare.
** Forme di cortesia plurali. "Voi" è la forma più usata.

Cap. 16

I Pronomi personali diretti

PRONOMI PERSONALI DIRETTI

soggetto	io	tu	lui	lei	noi	voi	loro
p. diretto	mi	ti	lo	la	ci	vi	(m.) li (f.) le

II Pronomi diretti – Forma di cortesia

	PRONOME SOGGETTO	PRONOME DIRETTO
SING.	Lei	La
PLUR.	Voi	Vi

"**Loro**" è la variante più formale di "**Vi**" e segue sempre il verbo.
Es.: "Vorrei invitare **Loro** a prendere la parola".

N.B.: Esistono anche le varianti meno frequenti «**Li**» (masch.) e «**Le**» (femm.)
  Es.: "Signori, **Li** posso accompagnare io!"
  "Signore, **Le** posso accompagnare io!"

III Pronomi tonici.

I pronomi tonici si usano per dare enfasi (es.: Voglio vedere solo **lui**.) o per sottolineare una contrapposizione (es. : Preferisco accompagnare **te** e non **loro**.)

PRONOMI TONICI

SINGOLARE	PLURALE
me	noi
te	voi/Voi**
lui/lei/Lei*	loro/(Loro)**

*Forma di cortesia singolare.
** Forme di cortesia plurali. "Voi" è la forma più usata.

IV Pronome partitivo "ne"

"Ne" ha valore partitivo, indica cioè una parte del tutto.
Es.: Ne prendo solo un pezzetto.

V Accordo di "ne, lo/la/le/li" col participio passato

	SINGOLARE	PLURALE
MASCHILE	l'* ho visto	li ho visti
FEMMINILE	l'* ho vista	le ho viste
	ne ho visto/a uno/a	ne ho visti/e molti/e

*N.B.: "lo" e " la " si apostrofano, "li" e "le" no.

CAP. 17

I Pronomi combinati

Pronome combinato = pronome indiretto + pronome diretto.
Nei pronomi combinati la " **-i** " dei pronomi indiretti "mi, ti, ci, vi" diventa "**-e**".
    Es.: Che belle foto! M**e** le fai vedere?"

II

PRONOMI SOGGETTO	PRONOMI COMBINATI	
io	me	lo/la/li/le/ne
tu	te	lo/la/li/le/ne
lui		glielo/la/li/le/ne
lei		glielo/la/li/le/ne
noi	ce	lo/la/li/le/ne
voi	ve	lo/la/li/le/ne
loro (femm.)		glielo/la/li/le/ne
loro (masch.)		glielo/la/li/le/ne

N.B.: Anche se il primo pronome è riflessivo la "**-i**" diventa "**-e**".
Es :   Enzo si è comprato una macchina e s**e** la pagherà a rate.

III Accordo del participio passato
Il participio passato si accorda con i pronomi diretti (lo/la/li/le/) e il partitivo "ne".
>Es.: "Mi hai comperato le banane?" "Sì, te **le** ho comperat**e**."
>Es.: "Hai dato i biscotti a Margherita?" "Sì, glie**ne** ho dati due pacchetti".

Cap.18
I Forma impersonale. Tempi semplici.
a. Il pronome impersonale è: **si**.
b. La forma del verbo, sempre di III persona, può essere singolare o plurale, a seconda dell'oggetto.
> Es: Nel mio quartiere non si fa ancora la raccolta differenziata dei rifiuti.
>> In bassa stagione si trovano offerte promozionali molto convenienti.

N.B.: "proprio" è l'aggettivo della forma impersonale. Es.: Si deve pensare al proprio futuro.
N.B.: Nelle costruzioni impersonali gli aggettivi, i nomi e in alcuni casi i participi passati sono usati al plurale.
> Es.: Quando si è giovan**i**/arrivat**i**/avvocat**i** ...

II Forma impersonale dei verbi riflessivi.
Il "si" impersonale diventa "**ci**" ed è seguito dal pronome riflessivo "**si**".
> Es.: In una grande città **ci si** perde facilmente.

Cap. 19
I Imperativo affermativo dei verbi regolari.

	-ARE	-ERE	-IRE	
tu	port-**a**	mett-**i**	sent-**i**	distribu-**isc-i**
noi	port-**iamo**...	mett-**iamo**	sent-**iamo**	distribu-**iamo**
voi	port-**ate**	mett-**ete**	sent-**ite**	distribu-**ite**

II Imperativo negativo (tu-noi-voi)
L'imperativo negativo della seconda persona singolare (**tu**) corrisponde all'**infinito** del verbo, preceduto da "**non**".
Per "**noi**" e "**voi**" le forme sono le stesse dell'imperativo affermativo, precedute da "**non**".

tu	non **parlare**!
noi	non parliamo!
voi	non parlate!

III Posizione dei pronomi con l'imperativo di: tu, noi, voi
Nell'imperativo affermativo i pronomi seguono il verbo formando un'unica parola.
Nell'imperativo negativo i pronomi possono seguire o precedere il verbo.
Se lo seguono, formano un'unica parola con il verbo. Se lo precedono, si scrivono staccati dal verbo.

Imperativo affermativo		Imperativo negativo		
tu	allontana**ti**!	non ... **ti** ... allontanare	o	non allontanar**ti**.*
noi	allontaniamo**ci**!	non ... **ci** ... allontaniamo	o	non allontaniamo**ci**
voi	allontanate**vi**!	non ... **vi** ... allontanate	o	non allontanate**vi**

*N.B.: la "e" della desinenza dell'infinito cade: "allontanar(e)ti"

Anche un pronome doppio può trovarsi in due posizioni.
Es.: Non cambiarti la giacca.   Non cambiar**tela** o non **te la** cambiare.
    Non cambiatevi i pantaloni.   Non cambiate**veli** o non **ve li** cambiate.
    Non cambiamoci le scarpe.   Non cambiamo**cele** o non **ce le** cambiamo.

IV Imperativo dei principali verbi irregolari

	TU	VOI	NOI
ESSERE	sii	siate	siamo
AVERE	abbi	abbiate	abbiamo
ANDARE	va'/va/vai	andate	andiamo
SEDERE	siedi	sedete	sediamo
BERE	bevi	bevete	beviamo
FARE	fa'/fa/fai	fate	facciamo
STARE	sta'/sta/stai	state	stiamo
DIRE	di'/dì	dite	diciamo
DARE	da'/dà/dai	date	diamo
VENIRE	vieni	venite	veniamo

V Raddoppiamento della consonante
I pronomi che seguono **va, sta', fa', di'** e **da'** raddoppiano la prima consonante (eccetto "gli")

Es. Se vedi Marta **dille** di telefonare al capo.
   Ti ho fotocopiato gli esercizi; **fanne** almeno 10.

Attenzione!

Il cane ha sete, **dagli** da bere.
La **g** non si raddoppia.

da'		m	mm
di'		l	ll
fa'		t	tt
sta'		c	cc
va'		n	nn

Es. Dammi, dalle, datti, dacci, ecc. ...
   Dille, dimmi, ecc. ...
   Fammi, fatti, fanne, ecc. ...
   Stacci, stammi, ecc. ....

VI Imperativo regolare - forma di cortesia

	-ARE	-ERE	-IRE	
Lei	porti	metta	senta	cap-**isc-a**
(Loro)*	port**ino**	mett**ano**	sent**ano**	cap-**isc-ano**

* "Loro" è estremamente formale. Generalmente si usa "**Voi**".

VII Imperativo irregolare - forma di cortesia

andare	vada
dare	dia
dire	dica
fare	faccia
rimanere	rimanga
salire	salga
stare	stia
venire	venga
essere	sia
avere	abbia

VIII Posizione dei pronomi con l'imperativo di: Lei, Loro

Sia nell'imperativo affermativo che nell'imperativo negativo i pronomi percedono il verbo (Es.: **Mi** dica di che cosa si tratta! È pericoloso: non **lo** faccia! Signori, non **se ne** vadano!)

Cap. 20

I Pronomi relativi

Il pronome relativo soggetto e complemento diretto è: **che.**
In tutti gli altri casi si usa una preposizione + il pronome relativo: **cui.**

II "Il/la quale, i/le quali"

I pronomi che si possono usare al posto di "**che**" sono:

	SINGOLARE	PLURALE
MASCH.	il quale	i quali
FEMM.	la quale	le quali

"di / a / in / per cui, ecc." = **del/al/nel/per il quale** (maschile singolare)
  = della/alla/nella/per la quale (femminile singolare)
  = dei/ai/nei/per i quali (maschile plurale)
  = delle/alle/nelle/per le quali (femminile plurale)

III "Chi"

"Chi" è un pronome doppio perché corrisponde a: "la persona/le persone che"

Cap. 21

I Concordanza dei tempi all'indicativo. Verbo principale al presente, futuro o passato con valore di presente

VERBO PRINCIPALE		VERBO DIPENDENTE	AZIONE:
sappiamo, sapremo, abbiamo saputo	che →	lui arriva/arriverà	Fut.
		lui arriva/sta arrivando	Contemp.
		lui è arrivato	Pass.

II Concordanza dei tempi all'indicativo: verbo principale al passato (imperfetto, passato prossimo, passato remoto*, trapassato)

VERBO PRINCIPALE		VERBO DIPENDENTE	AZIONE:
sapevamo, abbiamo saputo sapemmo*, avevamo saputo	che →	lui arrivava**/sarebbe arrivato	Fut.
		lui arrivava/stava arrivando	Contemp.
		lui è arrivato	Pass.

**soluzione più colloquiale

Cap. 22

I L'alfabeto italiano

a, b, c, d, e, f, g, h, i, l, m, n, o, p, q, r, s, t, u, v, z .

A, B, C, D, E, F, G, H, I ,L, M, N, O, P, Q, R, S, T, U, V, Z.

Pronuncia:
a, bi, ci, di, e, effe, gi, acca, i, elle, emme, enne, o, pi, qu, erre, esse, ti, u, vi/vu, zeta.

Lettere straniere:
j/J = i lunga, **k/K** = cappa, **w/W** = doppia vu, **x /X** = ics, **y/Y** = ipsilon, i greca.

II a Numeri cardinali

0	zero	**38**	**trentotto**
1	uno	40	quaranta
2	due	50	cinquanta
3	tre	60	sessanta
4	quattro	70	settanta
5	cinque	80	ottanta
6	sei	90	novanta
7	sette	100	cento
8	otto	200	duecento
9	nove	300	trecento
10	dieci	400	quattrocento
11	undici	500	cinquecento
12	dodici	600	seicento
13	tredici	700	settecento
14	quattordici	800	ottocento
15	quindici	900	novecento
16	sedici	1000	mille
17	diciassette	2000	duemila
18	diciotto	3000	tremila
19	diciannove	4000	quattromila
20	venti	5000	cinquemila
21	**ventuno**	6000	seimila
22	ventidue	7000	settemila
23	ventitré	8000	ottomila
24	ventiquattro	9000	novemila
25	venticinque	10.000	diecimila
26	ventisei	100.000	centomila
27	ventisette	500.000	cinquecentomila
28	**ventotto**	1.000.000	un milione
29	ventinove	5.000.000	cinque milioni
30	trenta	1.000.000.000	un miliardo
31	**trentuno**		

II b Numeri ordinali

I	primo	XVI	sedicesimo
II	secondo	XVII	diciassettesimo
III	terzo	XVIII	diciottesimo
IV	quarto	XIX	diciannovesimo
V	quinto	XX	ventesimo
VI	sesto	XXI	ventunesimo
VII	settimo	XXII	ventiduesimo
VIII	ottavo	XXIII	ventitreesimo
IX	nono	XXX	trentesimo
X	decimo	XL	quarantesimo
XI	undicesimo	L	cinquantesimo
XII	dodicesimo	C	centesimo
XIII	tredicesimo	CC	duecentesimo
XIV	quattordicesimo	M	millesimo
XV	quindicesimo		

CHIAVI DEGLI ESERCIZI

Cap. 1
Es. a): 1.l', 2.lo, 3.lo, 4. l', 5.il, l', 6.la, 7.la, 8.l', 9.lo, 10.il, 11.il, 12.la, 13.l', 14.l'.
Es. b): il: topo, sigaro, cane, pesce, portoghese, gioco, fiore, mese, mare.
   (M) l': operaio, interprete, inglese, hotel, elefante, insegnante, albergo.
        lo: xilofono, sport, scienziato, spagnolo, zio, psicologo.
        la: mamma, luna, portoghese, pattinatrice, segretaria.
   (F) l': interprete, inglese, entrata, attrice, opera, automobile, insegnante, amica.
Es. c): 1.la fronte, l'occhio, il naso, l'orecchio, la bocca, il mento; 2. l'insetto, il petalo, lo stelo, il vaso, la foglia, la terra.
Es. d): 1.i, 2.gli, 3.gli, 4.le, 5.i, 6.le, 7.le, 8.i, 9.le, 10.gli, 11.le, 12.le, 13.gli, 14.gli, 15.gli.
Es. e): i: quadri, cuori, capi, ricordi, pranzi, progetti, secoli, compagni, fiori.
       gli: sbagli, inglesi, ubriachi, zingari, insegnanti, uccelli, spazzacamini, amici, artisti, alberghi, psicologi, scioperi.
       le: inglesi, insegnanti, scatole, mogli, pizze, spagnole, ragazze, signore, città, uova, albicocche, zie.
Es.f): il, il, le, i, il, la, lo, la, l', gli, le, i, le, le, la, le, le.
Es.g): l', lo, l', l' ,l', lo, lo, l'.
Es.h): le, le, gli, le, le, gli, le, gli, le, le.
Es.i): i, le, i, i, i, le, i, le, i, i.
Es.l): 10.il, 8.il, 9.le, 12.gli, 5.il, 3.l', 16.i, 2.la, 11.il, 7.la, 1.la, 14. l', 4.la, 15.il, 13.il, 6.la.
Es.m): 1.questo film è interessante, questo è un film interessante, 2.quest', questo è un albergo caro, 3.questa, questa è una casa del '700, 4.questi, questi sono (dei) sigari cubani, 5.queste, queste sono (delle) opere preziosissime, 6.questi, questi sono (degli) ascensori moderni.
Es.n): 1.quell', 2.quella, 3; quell', 4.quelle, 5.quell', 6.quegli, 7.quei, 8.quegli, 9.quello, 10.quello.
Es.o): quello, quelli, quelle, quella.
Es.p): 1.questo/quello, 2. questo/quel, 3. queste/quelle, 4. queste/quelle, 5.quest'/quell', 6.quei, 7.quello, 8.questi/quelli, 9.quello, 10. quest'/quell', 11. questo/quel, 12.quel.

Cap. 2
Es. a): 1.uno, 2.un, 3.uno, 4.un, 5.una, 6.una, 7.uno, 8.un', 9.un, 10.un, 11.un, 12.un', 13.una, 14.un'.
Es. b): un: progetto, architetto, elemento, ballo, serpente, ufficio, ingegnere, tram, amico, premio, impiegato, fax.
       uno: yogurt, sbaglio, spettacolo, zero, stadio, psicologo, gnocco, straniero.
       un': agenda, isola, oca, infermiera, amica.
       una: scienziata, calza, fotocopia, serata, scuola, spazzola, frase.
Es. c): 1.un, uno, uno, 2.uno, un, uno, 3.un, un, un.
Es. d): 1.un', un', un', 2.una, una, una, 3.una, un', una.
Es. e): 1.dei, 2.dei, 3.degli, 4.degli, 5.degli, 6.dei, 7.degli, 8.dei, 9.degli, degli.
Es. f): 1.delle, 2.delle, 3.delle, 4.delle, 5.delle, 6. delle.
Es .g): dei: cioccolatini, bicchieri, coltelli, tram, film, biglietti, pesci, nuotatori, campi, rossetti.
       degli: amici, stupidi, scrittori, scarponi, ostacoli, atleti.

delle: scatole, città, penne, riviste, informazioni, pesche, forchette, autostrade, uova, canzoni.
Es. h): 1.delle, 2.delle, 3.dei, 4.dei, 5.degli, 6.degli, 7. degli, 8.delle, 9.dei.
Es. i): uno, un, un, delle, un, un, uno, un, delle, dei, un', una, delle, un, una.

Intermezzo 1
Es. a): DI : 1 c, 2 e, 3 a, 4 b, 5 f, 6 d, 7 g ; DA : 8 l, 9 n, 10 m, 11 o, 12 i, 13 h.
Es. b): 1.di, 2.di, 3.di, da, 4.da, 5.di,di, 6.di, 7di, da, 8.da, 9. di, 10.da, 11.da, 12.di, 13.da, 14.da.
Es. c): 1.da, 2.di, 3.di, di, 4.da, 5.di, 6.da, 7.di, 8.da, 9.da, 10.di.

Cap. 3
Es. a): 1.c, 2.a, 3.g, 4.d, 5.e, 6.f, 7.b, 8.h.
Es. b): 1.libro/m., 2.dizionario/m., 3.macchina/f., 4.ricetta/f., 5.nave /f., 6.pittore/m., 7.cantante f., 8.studente/m..
Es. c): I classe (maschile): libro, dizionario; I classe (femminile): macchina, ricetta; II classe (maschile): pittore, studente; II classe (femminile): nave, cantante.
Es. d):1.italiano, 2.inglese, 3.piccola, 4.portoghese, 5.militare, 6.giovane; 7.svedese, 8.intelligente.
Es. e): Aggettivi in -O/-A: italiano, vecchio, piccola, tedesca, buona, spagnola, brava, pigro; Aggettivi in -E: interessante, inglese, portoghese, militare, giovane, stravagante, svedese, intelligente.
Es. f): due buone ricette portoghesi, tre interessanti libri italiani, due studenti intelligenti ma pigri, due navi militari spagnole.
Es. g): spettacoli teatrali, gondole veneziane, mobili antichi, alberi secolari, strade interrotte, macchine sportive, lezioni interessanti, telefoni cellulari.
Es. h): 1.i, i, 2.e, e, i, 3.e, e, 4.e, i, e, 5.i, i, 6.e, e, i, 7.i, i.
Es. i): 1.o, o, a, 2. a, a, a, 3.o ,o, 4.o, e, 5.i, i, i, 6.he, he, e, 7a, a, e, 8.i, hi, i, 9.e, i, 10.e, o, o, e.
Es. l): 1.i nuovi esercizi, 2.delle informazioni precise, 3.quelle mele verdi, 4.queste riviste italiane, 5.dei documenti urgenti, 6.queste brevi poesie.
Es.m):tre streghe, la luna, tre turisti, due volpi, tre spaventapasseri, tre alberi, delle/ tante stelle, degli insetti, dei/ tanti fiori, due diavoli, tre scope, una lattina, due cannucce, una macchina fotografica, un casco, dei cespugli, quattro cappelli, dieci zucche.
Es. n): è, i, è, hi, e, e, e, e, i, i, i, i, i, i, e, e, e, he.
Es. o): i, i, he, e, e, i, i, he, e, i, i, e, he, e, e, i, he, i, i, i, e, e, a, e, he, e, he, i, i, i, i.
Es. p): affettuosamente, fortunatamente, oggettivamente, costantemente, volgarmente, abilmente, ferocemente, sinceramente, concretamente, gentilmente, passivamente, stupidamente.
Es. q): adesso, troppo, almeno, così, d'ora in poi, più.
Es. r): 1.quando, su, giù, 2.sopra, sotto, 3.fuori, dentro, 4.ultimamente, ora, 5. di là, molto, 6.presto, 7.finalmente, troppo, qui, mai, a lungo, 8.indietro, a destra, 9.ancora, male, piano piano, 10.per niente, 11.prima, poi, 12.avanti.
Es. s): 1.finalmente, 2.a lungo, 3.alla fine/ infine, 4.lontano, 5.prima, 6.avanti.
Es. t): 1.i, he, 2.i, 3.e, 4.a, o, 5.i.
Es.u): i, e, i, hi, o, a, o, o, o.
Es.v): 1.pochi, 2.molto, 3.molto, poca, 4.troppe, troppi.

Intermezzo 2
Es. a): A :1.c, 2.d, 3.a, 4.f, 5.b, 6.e ; IN : 7.h, 8.g, 9.l, 10.i, 11.m. ; CON :12.o , 13.q, 14.n, 15.p.
Es. b): 1.in, a, 2.in, 3.in, 4.in, 5.in, 6.con, in, 7.in, 8.a, in, 9.a, 10.a, in, 11.con, 12.a.
Es. c): a, in, in, a, in, a, a, in, in, a, con, in/a..

Cap. 4

Es. a): a.3, b.5, c.6, d.1, e.4, f.7, g.2.
Es. b): a.3, b.5, c.2, d.6, e.4, f.1.
Es. c): 1.sei, sono, 2.hai, ho, 3.ha, è, 4.è, 5.sono, sei, 6.siete, 7.hanno, 8.avete, 9.abbiamo, siamo, hanno.
Es. d): 1.lui, --, 2.--, --, 3.loro, io, 4.--, Lei, io, --, 5.--, --, 6.noi, voi.
Es. e): a.1, b.4, c.2, d.3.
Es. f): a.6, b.1, c.8, d.4, e.7, f.5, g.2, h.3.
Es. g): 1.Lei, io, 2.Voi, noi, 3.Lei, 4.Loro, noi, 5.io, tu, 6.noi,voi.
Es. h): 1.C'è una statua, 2.Ci sono dei passanti, 3.Ci sono delle panchine, 4.C'è una fontana, 5.Ci sono dei cani, 6.C'è un tabaccaio.
Es. i): 1.Il bar è .., 2.I passanti sono .., 3.La statua è .., 4.I lampioni sono .., 5. Gli alberi sono ... .
Es. l): 1.Ci sono dei piccioni, 2.C'è un guardiano, 3.Il tabaccaio è al n.20, 4.La bicicletta è dietro la fontana, 5.Le panchine sono davanti ai giardinetti.
Es. m): ci sono, c'è, ci sono, è, sono, è, ci sono, c'è, è, sono, è, è, c'è, è.
Es. n): 1.c'è, c'è, 2.è, 3.sono, è.

Cap. 5

Es. a): riparo (riparare), telefoni (telefonare), canta (cantare), chiamiamo (chiamare), comprate (comprare), volano (volare).
Es. b): 1.aiuti, funziona, clicco, diventa, 2.proviamo, 3.affittano, 4.ascolti, studi 5. giocate, 6.chiama, 7.abita, 8. parcheggiate.
Es. c): Noi lavoriamo+c, 2.Tu continui +e, 3.Licia prepara+b, 4.Io racconto+f, 5.Voi attaccate+a, 6.Loro nuotano+d.
Es. d): 1.cerchi, cerco, 2.cercate, 3.pagate, paghiamo, 4.pagano, cercano, 5.pago, paga, 6.pagare, 7.cercare 8.paghi, 9.cerchiamo, 10.cerca.
Es. e): 1.mangi, comincio, 2.viaggiate, rinunciamo, comincia, 3.cominciano, mangiamo.
Es. f): aspetto, ascolti, prolungano, scherzi, continua, accompagni, paghi, passiamo, cambiate, cambi.
Es. g): vedo (vedere), spendi (spendere), vede (vedere), mettiamo (mettere), prendete (prendere), accendono (accendere).
Es. h): 1.scendi, 2.ridete, 3.stendo, 4.appendiamo, 5.crede, 6.corre, 7.comprendono.
Es. i): cresce, regge, prende, mette, piange, riconosciamo, cadete, attendono, prendi, crescono.
Es. l): scopro (scoprire), soffri (soffrire) sente (sentire), apriamo (aprire), partite (partire), dormono (dormire).
Es. m): 1.offriamo, 2.investite, 3.copri, 4.inseguono, 5.riempio, 6.scopre.
Es. n): 1.preferisci, preferisco, 2.preferisce, 3.finite, finisco, 4.finiamo, 5.preferite, 6. finisci, 7.puliamo, 8.finiscono, preferiscono, 9.pulisce.
Es. o): tradisce, stupisco, stupisci, soffre, preferiscono, partite, impediscono, capisci.
Es. p): resta, canta, passa, smette, nuota, comincia, ascoltano, applaudono, gradiscono, lasciano, raggiunge, gorgheggia, insegna, cantano, finiscono, ripetono.

Cap. 6

Es. a): esco, esci - USCIRE, vado, andiamo - ANDARE, vieni - VENIRE, fanno, fa - FARE, dici - DIRE, so - SAPERE; piace - PIACERE, sai - SAPERE, stai - STARE, andate - ANDARE, vieni – VENIRE; sediamo - SEDERE, va - ANDARE, tolgo - TOGLIERE, salgo - SALIRE, beviamo - BERE, sapete - SAPERE, rimanete - RIMANERE.
Es. b): sai, esco, salgo, sto, viene, dà, dice, viene, fa, do, faccio, sta, rimango, vado, dispiace, sa.

Es. c): vive, lavora, guadagna, ha, studiano, sognano, preferisce, tornano, fanno, partono, tornano, rimangono, piace, conoscono, annoiano, sanno, leggono, escono, rientrano, vanno.
Es. d): ORIZZONTALI: 1.vai, 2.piaci, 3.pone, 4.sale, 5.togliamo, 6.scegliamo, 7.siede, 8.spegne, 9.vanno, 10.dai, 11.fate, 12.propongono, 13.sanno, 14.tolgono, 15.raccolgo.
VERTICALI: 1.piacciono, 2.danno, 3.facciamo, 4.rimani, 5.sappiamo, 6.vengo, 7.esce, 8.muore, 9.bevono, 10.salgono, 11.tengono, spengono, 12.escono, 13.scelgo, 14.siedo, 15.muoio.
Es. e): tu vuoi - VOLERE, io devo - DOVERE, noi possiamo - POTERE.
Es. f): 1.b, 2.f, 3.a, 4.c, 5.e, 6.h, 7.m, 8.l, 9.d, 10.g, 11.i.
Es. g): 1.posso, 2.volete, 3.voglio, posso, 4.possiamo /vogliamo, 5.devi, 6.possiamo, 7.deve, 8.possono, 9.dovete, 10.possono, 11.può, 12.volete.
Es. h) 1.rifacciamo, 2.sostengono, 3.riesci, 4.proponete, 5.rivoglio, ridò, 6.compone, 7.contengono, 8.predice, dispiace.

Cap. 7
Es. a): noi abbiamo + e, voi avete + a, Giorgio e Sara hanno + f, io ho + d, tu hai + c, mia madre ha + b.
Es. b): festeggiato (festeggiare), preparato (preparare), riflettuto (riflettere), spedito (spedire), dormito (dormire), ricevuto (ricevere).
Es. c): 1.hai portato, ha portato, 2.abbiamo suonato, hanno chiamato, 3.abbiamo venduto, 4.avete finito, 5.ha avuto, ha applaudito, 6.hai conosciuto.
Es. d): ho passato, è suonata/ha suonato, ho dovuto, ho fermato, ho pagato, ho ricevuto, ho avuto, hanno invitato, ho preferito, ho saltato, ho cominciato, ho trovato, ha portato.
Es. e): io ho deciso (decidere), tu hai visto (vedere), lui ha fatto (fare), noi abbiamo perso (perdere), voi avete messo (mettere), loro hanno spento (spegnere).
Es. f): 1.hai chiesto, ho vinto, 2.è vissuta/ha vissuto, ha proposto, 3.ha spinto, ha tolto, 4.hai saputo, ha aperto, ha fatto, 5.avete scelto, abbiamo discusso, abbiamo deciso, ha detto, 6.hai visto, ho riso.

Es. g):

Es. h): 1.risolto, 2.sciolto, 3.costretto, 4.sconvolto, 5.scritto, 6.raccolto, 7.promesso, 8.corretto.
Es. i): Giuliana è + a, io sono + e, voi siete + f, i miei figli sono + d, tu sei + b, io e Marco siamo + c.
Es. l): Io sono andata.., tu sei riuscito.., Giuliana è uscita.., io e Marco siamo andati.., voi siete arrivate.., i miei figli sono tornati...
Es. m): 1.finite, 2.arrivato, 3.partiti, 4.cambiato, 5.piaciuta, 6.piaciuti, 7.costata, 8.riusciti.
Es. n): è arrivato, sono finite, ho guardato, è durato, sono salita, ho spento, ho seguito, è piaciuto, ha detto, sono riuscita, è stata.
Es. o): successo (succedere), esplosa (esplodere), morta (morire), scesa (scendere), corso (correre), scmparso (scomparire), rimasti (rimanere), valsa (valere).
Es. p): 1.sono andata, sono rimasta, 2.sono tornata, ho mangiato, sono ingrassata, sono uscita, 3.sono venute, 4.è arrivato, siamo uscite, 5.siamo stati, è piaciuto.
Es. q): 1.ha, sono, 2.ho, sono, 3.è, hanno, 4.ha, è, 5.è, siamo, 6.hai, è, è.
Es. r): 7 è/ha nevicato, ha preso, è partito, ha sciato, ha mangiato, (ha) bevuto, è cambiato, è sceso, è tornato, ha fatto, ha ascoltato, ha accettato, è uscito.

Cap. 8
Es. a): 1.B, 2.D, 3.L, 4.E, 5.C, 6.G, 7.A, 8.H, 9.M, 10.I, 11.N, 12.F.
Es. b): I: l'anno comincerà, Giove entrerà, tutto cambierà; voi incontrerete; le cose cambieranno, loro troveranno – II: voi perderete – III: Venere favorirà; voi riuscirete.
Es.c): cambiare: io cambierò, tu cambierai, lui /lei cambierà, noi cambieremo, voi cambierete, loro cambieranno; perdere: io perderò, tu perderai, lui /lei perderà, noi perderemo, voi perderete, loro perderanno; riuscire: io riuscirò, tu riuscirai, lui /lei riuscirà, noi riusciremo, voi riuscirete, loro riusciranno.
Es. d): 1. scriverai, 2.finiranno, 3.sarà, 4.ricorderò, 5.permetterà, 6.partiremo, 7.riusciranno, 8.riceverò, chiamerò, 9.avrai, 10.sarete, 11.chiederanno, invierò, 12.dormiremo.
Es. e): 1.bacerai, 2.mancheranno, 3.indagheremo, 4.viaggerò, 5.alloggerete, 6.lancerà, 7.pagherete, 8. rovesceranno.
Es. f): ordineremo, aiuterà, usciremo, collegheremo, saranno, ingoieremo, invecchieremo, prenderemo.
Es. g): andrò (andare), verrò (venire), terrò (tenere), rimarrò (rimanere), starò (stare), dovrò (dovere), vorrà (volere), vedrai (vedere), farò (fare), darò (dare).
Es. h): 1.verrete, 2.rimarrai, 3.potrete, riterrete, 4.prevarrà, potranno, 5.berremo, 6.proporrà, andrò, 7.cadrai.
Es. i): andremo, partiremo, rimarremo, cercheremo, festeggeremo, balleremo, potrà, traslocheranno, dovrà, mancherà, prenoterà, sceglierà, dovremo, potremo.
Es. l): 1.appena (io – avrò finito), 2.quando (loro – saranno andati), 3.dopo che (noi - avremo visitato), 4. non appena (tu – avrai finito).
Es. m): 1.avremo venduto, 2.sarò arrivato, 3.avremo provata, 4.avrai pagato.
Es. n): potrà, alloggeranno, saranno terminati, inaugurerà, permetterà, avrà, avrà parlato, presenteranno, esibiranno, concluderà.
Es. o): avrà dimenticata, avranno fatto, avranno cenato, saranno fermati.
Es. p): arrivano, sarà, abiteranno, sfileranno, comincerà, indosserà, presenterà, avranno terminato, riceveranno, andrà.

Intermezzo 3.
Es.a): tempo: 1, 3, 7 ; luogo: 2, 4, 6, relazione: 5.
Es.b): 1.fra/tra, 2.fra/tra, fra/tra, 3.da, da, 4.da, 5.fra/tra, 6.fra/tra, 7.da, 8.da, 9.da, 10.fra/tra.

Es.c): tre ore fa, un'azione passata.
Es. d) fa, da, da, fa, fra/tra, fra/tra, fra/tra, da, fa, da, da.

Cap. 9
Es. a): su+la, su+gli, da+la, di+le, da+il, in+il, a+gli, in+l', a+l', di+le, di+i.
Es. b): 1.alla, 2.ai, 3.sullo, 4.nel, 5.al, 6.della, 7.sul, 8.sulla, 9.nell'.
Es. c): 1.nella, 2.al, al, del, 3.della, 4.sul, 5.nella, 6.allo, 7.del, dall', 8.all', 9.degli, 10.delle.
Es. d): 1.alla f, 2.agli g, 3. al e, 4.al a, 5.alla b, 6.allo c, 7.al i, 8.al m, 9.alle h, 10.ai d, 11.all' l.
Es. e): a, alle, alle, della, nel, delle, dalle, alle, di, al, al, dalle, alle, dei, della, a, per, all', del, a, ai, per, di, alle.

Cap. 10
Es. a): IO: i miei occhiali, la mia macchina fotografica, il mio cappello; TU: i tuoi occhiali, le tue lenti a contatto, la tua macchina fotografica; LUI: la sua moto, le sue moto; LEI: il suo cane, i suoi bambini; NOI: la nostra amica, i nostri documenti; VOI: i vostri passaporti, il vostro giardino; LORO: il loro pappagallo, i loro canarini, le loro radio, la loro musica.
Es. b): 1.i vostri, 2.il nostro, 3.le tue, 4.la sua, 5.il Suo, 6.il loro, 7.i suoi, 8.il tuo, 9.i miei, 10.le loro, 11.i tuoi, 12.le Sue, la mia/la nostra, 13.le Loro/le Vostre, le nostre, 14.il Vostro/(il Loro), la Vostra/(la Loro).
Es. c): le nostre, le mie, i loro, i suoi, i tuoi, i loro, i suoi.
Es. d): 1.i (sui) suoi suoceri, 2.i (tuoi) Suoi figli, (mie) le mie figlie, 3.(tua) la tua sorellina, 4.(gli) i miei zii, le (sue) loro tre figlie, 5.i (Vostri) Suoi genitori, (la) -- mia cognata, 6.--, 7. (Suo) suo genero, 8.--, 9.--, 10. (tui) tuoi nonni.
Es.e): 1.lo, il, 2.un', una, 3.l', il, 4.un', una.
Es.f): 1.il tuo, 2.Suoi, 3.la vostra, la loro, 4.i suoi, 5.la sua, 6.nostri, 7.Sue.

Cap. 11
Es.a): io – mi metto (mettersi), tu – ti sbrighi (sbrigarsi), lei – si addormenta (addormentarsi), Lei – si riposa (riposarsi), noi – ci sposiamo (sposarsi), voi – vi sposate (sposarsi), loro – si stancano (stancarsi).
Es. b): 1.si ricorda, si sbaglia, 2.mi metto, ti vesti, 3. vi alzate, 4.si interessa, 5.si muove, 6.ci sediamo, 7.mi pettino, 8.si taglia, 9.mi intendo, 10.si tiene, 11.licenziarmi, 12.incontrarci.
Es. c): 1.si è fatta, 2.si è lavata, si è pettinata, 3.si è messa, si è massaggiata, 4.si è vestita, 5.si è truccata, 6.si è lucidata, 7.si è messa.
Es. d): 1.si è spaventata, 2.vi siete precipitati /e, 3.ci siamo dimenticati /e, 4.si è ammalato, 5.si sono offesi, 6.si sono fidate, 7.mi sono nascosta, 8.ti sei arrabbiato, 9. si sono separati, 10.vi siete accomodati /e.
Es. e): 1.vuole accomodarsi/si vuole accomodare, 2.dovete sbrigarvi/vi dovete sbrigare, 3.possiamo impegnarci/ci possiamo impegnare, 4. vuoi cambiarti/ti vuoi cambiare, 5.devo occuparmi/mi devo occupare.
Es. f): 1.ti sei voluta, ho voluto, 2.ci siamo dovuti, 3.ha dovuto, 4.si sono dovuti, 5.ha potuto, 6.si sono potute.

Cap. 12
Es. a): 4. Stanno lavando la macchina, 2. Il bambino sta pulendo il vetro, 1. Roberta si sta mettendo il cappello,3. Stanno facendo un pupazzo di neve, 5. Stanno ridendo.

Es. b):1. stavate facendo, stavo suonando, stavano giocando, 2. starà ascoltando, 3. stavi dicendo.
Es. c): 1.Carmen sta ancora stirando, 2. Sta pescando, 3. Sta salendo, 4. Stanno prendendo il sole, 5. Sta aprendo/chiudendo il negozio, 6. Sta bevendo.
Es. d): 1. stai facendo, 2.sta per piovere, 3.state discutendo, 4.stiamo scrivendo, 5.stiamo per traslocare, 6.state guardando, 7. stanno per uscire, 8. sta per specializzarsi.

Intermezzo 4
Es. a): 1.a sinistra del lavabo, 2.sotto il lavabo, 3.davanti alla lavatrice, 4.sopra l'armadio, 5.dentro l'armadio, 6.davanti allo specchio, 7.lontano dalla porta.
Es. b): 1.a destra della, 2.sotto il, 3.sopra le, 4.a sinistra del, 5.fuori dal, 6.sotto le, 7.vicino all'.
Es. c): 1.a destra della, 2.di fronte alle, 3.accanto all', 4.sulle.
Es. d): 1.sotto il, 2.fuori dall', 3.sopra la, 4.dentro il (nel), 5.dietro, 6.lontano da, 7.di fronte a, 8.vicino al, 9.a sinistra della, 10.sullo.

Cap. 13
Es. a): 1.b, 2.c, 3.a, 4.d, 5.f, 6.e.
Es. b): 1. eri, avevo, 2. ero, avevo, avevate, avevamo, era, 3. eravate, eravamo, 4. aveva, era, 5. avevi, 6. erano, avevano.
Es. c): ARE (I): io suonavo, tu andavi, lui masticava, noi pensavamo, voi passavate, loro tentavano;
    ERE (II): io scrivevo, tu prendevi, lui teneva, noi dovevamo, voi volevate, loro tenevano;
    IRE (III): io dormivo, tu riuscivi, lui finiva, noi uscivamo, voi preferivate, loro riuscivano.
Es. d): dicevo (dire), faceva (fare), bevevo (bere).
Es. e): 1.faceva, traduceva, produceva, 2.bevevi, 3.doveva, facevo, dicevano, esisteva, 4.si interessava, si distraeva, componeva, 5.conduceva, 6.proponevamo, rifiutavano.
Es. f): L'imperfetto si usa per azioni ripetute o abituali (N° 2), azioni di durata indeterminata interrotte da azioni compiute (N° 1), descrizioni (N° 4), stati di salute, stati d'animo (N° 3), azioni che si svolgono contemporaneamente (N° 5).
Es. g): 1.ho vissuto/ sono vissuto/a, ero, ho conosciuto, 2.abbiamo visto, è piaciuto, 3.era, cercava, voleva, riusciva, ero, 4.sei andata, volevo/ho voluto, 5.sapevo, abbiamo saputo, 6.sono ritornati, funzionava, hanno chiamato, aveva, hanno acceso, hanno passato, 7.facevano, sono diventati, 8.sono arrivato/a, riuscivo, ho risolto, 9.sei venuto/a, ero, c'era, potevi, ho pensato, 10.lavoravo, è sembrato, sono arrivato/a, era, 11.cenavamo, abbiamo sentito, veniva, ci siamo alzati, siamo corsi, abbiamo visto, 12.prendevo, faceva, 13.è rimasta, abbiamo cercato/cercavamo, ha risposto/rispondeva. 14.è andato, hanno dato, speravi, 15.diceva, voleva, è diventata.
Es. h): 1.è successo, correvo, ha aggredito/a, 2.hai risposto, ero, 3.spiegavo, mi sono accorto/a, pensava, 4.impastavo, 5.volevano, ho cominciato, sono scappati, 6.si è sentita, facevamo, 7.mi sono dovuta alzare/ho dovuto alzarmi, dormivano, ho dovuto, 8.si è potuta esercitare/ha potuto esercitarsi, voleva, ha preferito, 9.è successo, ci siamo voluti rivedere/abbiamo voluto rivederci.
Es. i): abbiamo passato, abbiamo affittato, siamo partiti, siamo arrivati, abbiamo avuto, conosceva, ci ha aiutato/i, andavamo, sciavamo, incontravamo, tornavamo, cucinavamo, uscivamo, è stato, siamo tornati.
Es. l): 1.mentre, 2.quando, 3.mentre, 4.ogni volta che, 5.perché, 6.mentre.
Es. m): hanno fatto, volevano, hanno comprato, hanno telefonato, hanno prenotato, sono partiti, pioveva, faceva, era, c'erano, si trovava, avevano, hanno ordinato, hanno sentito, hanno aggiunto, hanno mangiata, visitavano, si è sentita, si è fermata, ha continuato, si è sentito, è sceso, avevano, hanno chiamato, ha consigliato, sono dovuti, sono tornati, erano.
Es. n): apparteneva, abitava, si interessava, curavano, si occupava, abitava, arrivavamo, rovinavano,

dovevamo, lavoravamo, mancava, era, impediva, ci precipitavamo, conduceva, era, si ricomponeva, ricominciavamo, ritornavamo.

Es. o): 1. avevamo pagato, 2.erano venuti, 3.avevo detto, 4.erano spariti.

Es. p): 1.è venuta, aveva chiesto, 2.passeggiavamo, abbiamo incontrato, avevamo conosciuto, 3.è piaciuta, avevo portato, ho tenuta, 4.aveva consigliato, sono piaciuti, 5.sono arrivato/a, aveva avvisato/a, era cambiato, 6.sono riuscito/a, avevo registrato, avevo avuto.

Cap. 14

Es. a): I: io: comprerei, proverei, pagherei – II: io: metterei – III: io: preferirei.

Es. b): provare: io proverei, tu proveresti, lui/lei proverebbe, noi proveremmo, voi provereste, loro proverebbero; mettere: io metterei, tu metteresti, lui/lei metterebbe, noi metteremmo, voi mettereste, loro metterebbero; preferire: io preferirei, tu preferiresti, lui/lei preferirebbe, noi preferiremmo, voi preferireste, loro preferirebbero.

Es. c): 1.canteresti, sarebbe, 2.avresti, cambieremmo, 3.venderebbero, 4.dispiacerebbe, 5.piacerebbe, dormirei, 6.aspettereste, 7.presteresti, servirebbe, 8.accetterebbero, avrebbero.

Es. d): 1.lanceresti, 2.imbucherebbero, 3.sbrigheremmo, 4.assaggerei, 5.mangereste, 6.denuncerebbe, 7.indaghereste, 8.lascerebbero.

Es. e): 1. o berrei (bere), 2.tu rimarresti (rimanere), lui/lei verrebbe (venire), 3.voi potreste (potere), 4.tu dovresti (dovere), tu vorresti (volere), io dovrei (dovere), 5.lui/lei andrebbe (andare), loro farebbero (fare), 6.noi sapremmo (sapere).

Es. f): 1.saprebbe, dovrebbe, 2.potreste, 3.converrebbe, 4.ci tratterremmo, 5.vivrebbe, 6.vorreste. 7.daresti, 8.faresti, vedrei.

Es. g): cercherei, rimarrei, mi iscriverei, andrei, potresti, dovresti, piacerebbe, impareresti, incontreresti, gradirebbero.

Es. h): 1.io sarei stata (essere), 2.lei avrebbe avuto (avere), 3.noi avremmo fatto (fare), 4.tu avresti potuto (potere), 5.lei avrebbe lasciato (lasciare).

Es. i): 1.avreste dovuto, 2.saremmo venute, 3.avrebbe potuto, 4.avrei preferito, 5.saresti potuta/(avresti potuto), 6.avrei chiamato, 7.ti saresti dovuta alzare/avresti dovuto alzarti, 8.ci saremmo voluti iscrivere/avremmo voluto iscriverci, 9.si sarebbero potuti sedere/avrebbero potuto sedersi.

Es. l): 1.sarebbe andato, 2.sarebbero venuti, 3.sarebbe diventato, 4.avrebbe accettato, 5.sarebbero rimasti.

Es. m): avrebbe fatto, avrebbe studiato, sarei diventata, avrei dovuto, avrei fatto, avrei avuto.

Es. n): sarebbero entrati, avrebbero ordinato, sarebbero fuggiti, sarebbero, avrebbero, parlerebbero.

Intermezzo 5

Es.a): 1.perciò, 2.perché, 3.perciò, 4.perciò, 5.però, 6.perché, 7.perciò.

Es.b): 1.+ perciò + b, 2.+ perché + d, 3.+ perché + f, 4.+ perciò + a, 5.+ perciò + c, 6.+ però + e.

Cap. 15

Es. a): gli, gli, le.

Es. b): 1.gli posso preparare di buono? 2.le regaliamo? 3.gli sta bene. 4.mi compra spesso dei cioccolatini. 5.vi mandiamo il programma della cinemateca. 6.ti telefonano più. 7.ci spediscono il pacco o se dobbiamo andare noi a ritirarlo.

Es. c): 1.Le, 2.gli, 3.gli, 4.le, 5.gli, 6.le.

Es. d): 1.ti, 2.Le, mi, 3.vi, 4.gli, 5.le, 6.ci, 7.gli, 8.ci, 9.gli, 10.ti.

Es. e): 1.le ho chiesto, mi ha raccontato. 2. gli chiedo. 3. Le consiglio.

Es. f): 1.Anche a me, 2.A me no, 3.Neanche a noi, 4.A noi no, 5.Anche a me, 6.A me no, 7.Neanche a me, 8.A me sì.
Es. g): 1.loro, 2.me, lei, 3.Le, 4.ti, 5.me, 6.lui, gli, 7.Lei, 8.ci, 9.te, 10.le.
Es. h) 1.ti, mi, 2.Le, Le, 3.ci, vi, 4.lei, lui, 5.loro, gli, te.
Es. i): 1.gli dico, dargli, 2.le devo chiedere/devo chiederle, 3.dargli, cambiargli, 4.mi piace, gli lascerò, 5.le scriverò, 6.mi può fare, può farmi.

Cap.16
Es. a): la, li, lo, le.
Es. b): 1.lo vedo a pranzo. 2.la conosce da tanto tempo. 3.le troviamo al mercato in questa stagione. 4.li prendo anche per te ? 5.vi dobbiamo accompagnare? 6.ci avete avvisati? 7.ti chiamo più tardi. 8.mi riconosci?
Es. c): 1.la, le, 2.lo, mi, mi, 3.li, 4.La, La, mi, 5.lo, 6.ti, mi, 7.ci, vi, 8.Vi, Vi, 9.le, 10.L', 11.le, 12.mi.
Es. d): 1. li, lui, lei, 2.li, li, mi, 3.te, me, 4.l', 5.la, 6.me.
Es. e): di prugne, una fragola, le, ne.
Es. f): 1.ne, 2.li, 3.ne, 4.ne, nessuna, 5.le, 6.ne, li, 7.ne, nessuno, 8.ne, 9.la, 10.ne, nessuno.
Es. g): 1.c li, 2.d l', 3.a le, 4.b ne, 5.f l', 6.e le, 7.h ne, 8.g ne.
Es. h): 1.spento, ne ... lasciate accese. 2.l' ... finita, l' ... messo, le ... usate, li ... mangiati, ne ... rimasta, 3.vinto, li ... seminati, le ... passate, l' ... sfruttato, ne ... presa.
Es. i): lo, li, portati, mettermi, ne, le.
Es. l): ti, ci, lo, l', lui, lei, me, lui, vi, lo, l' ... trovato, li ... portati, lei, la, l' ... trovata, ti ... presentato/a, ci ... trovati, mi ... baciata, ti.

Cap.17
Es. a): me la, me li, me ne, me le, te lo, ce ne.
Es. b): te lo, ce la, ve la, gliele, glielo, glieli, gliene, me ne.
Es. c): 1.me ne ha portato uno nuovo. 2. gliela può dettare Lei per favore ? 3. glielo spiego io. 4.ce lo registra. 5. gliele può dare. 6.ve la porto domani a casa. 7.te le mando oggi stesso per e-mail.
Es. d): 1.te lo, 2.gliela, 3.te la, me la, 4.se le, 5.ve li, ce ne, 6.gliele, 7.ve ne, 8.glieli, 9.gliene, 10.se lo, glielo, ce lo, 11.Glielo, 12.Gliene, me ne, 13.portartele, 14.ve lo.
Es.e): 1.te ne ho fatta, 2.gliel'ha già fatta, 3.ce l'hanno portato, 4.me ne ha fatte, 5. Gliele ho anche tradotte, 6.ce (me) ne avevano consigliata, 7.gliene ho comprate, 8.ce ne hanno mandata nessuna, 9.me l'ha portato, 10. te le ho date.
Es. f): 1.mi racconti, te la posso raccontare/posso raccontartela, te ne racconto, 2.mi date, vi vengo a trovare/vengo a trovarvi, te lo scrivo, 3.ti ricordi, te lo devo stampare/devo stampartelo, me lo stampi, 4.me le devo togliere/devo togliermele, 5. gli avevo preparato, gliel'ho offerta, mi ha detto, te la sei inventata, mi ha chiesto, me la dovevo finire/dovevo finirmela.
Es. g): 1.la, glieli, 2.mi, mi, 3.gli, lo, lui. 4.l', ce l', 5.Le, lei, 6.li, loro, gli, si, loro, lei, 7.ci, 8.le, ci, 9.ne, se l', 10.l', si.
Es. h): 1. "Hai raccontato a Ida della mia avventura?" "No, gliela racconto domani". 2."Hai scritto tu queste poesie?" "No, me le ha dedicate un mio amico poeta". 3. I telefonini erano in offerta speciale e così me ne sono comprato uno minuscolo. 4. Le riviste che mi avevate chiesto, ve le ho spedite oggi per EMS. 5. La nonna aveva un mucchio di camicie di stirare, allora gliene ho stirate io alcune.

Cap.18
Es. a): D'estate: 1.b, 2.f, 5.g, 8.c. ; D'inverno : 3.e, 4.h, 6.d, 7.a.
Es. b): 1.si va, 2.si prende, 3.si scia, 4.si mangiano, 5.si fanno, 6.si usano, 7.si accende, 8.si portano.
Es. c): 1c, 2d, 3e , 4a, 5l, 6h, 7f, 8g, 9i, 10b.

Es. d): si lavora, si ha, si dovrebbe, si usa, si prende, si passano, si sta, si è, si può, si possono, si è.
Es. e): 1.ci si raffredda, ci si deve, 2.ci si scotta, 3.ci si assumono, ci si stressa, 4.ci si stanca, 5.ci si addormenta, 6.ci si sveglia.
Es. f): si va, ci si devono aspettare, ci si dovrà abituare, ci si deve meravigliare, si possono buttare, si rischia di essere multati, si lascia, si deve cominciare, si ha, ci si allontana, si è abituati, si sarà scioccati.
Es. g): si può, si rimane, ci si scambiano, si mangiano, si saluta, ci si maschera, si esce, ci si regalano, si resta, si va, si festeggia, si organizzano, si mangia, si beve, si scherza.
Es. h): Se ci si diverte a navigare su Internet, si corre il rischio di diventare dipendenti. Una volta che si è intossicati, si diventa indifferenti alle persone con cui si vive e si sviluppano bisogni incontrollabili di contatti virtuali. Se, quando si torna dal lavoro, ci si mette davanti allo schermo e si passano tre o quattro ore collegati in rete, non si riuscirà a rilassarsi e a dormire bene e a poco a poco i propri ritmi saranno sconvolti con conseguenze disastrose per il corpo e per la mente.
Per eliminare il pericolo di intossicazione non ci si deve collegare con Internet per più di due ore al giorno e ci si deve lmitare a usare la posta elettronica per comunicazioni veramente necessarie.

Cap. 19

Es. a): TU: distribuisci, non dimenticare, senti, porta, metti, prendi, non dire; NOI: non perdiamo, portiamo; VOI : non dimenticate, sentite.
Es. b): 1.prenota, 2.telefonate, scegliete, 3. aspettare, agisci, 4. perdete, approfittate,
5.provate, 6.smettete, prendete, 7.ritaglia, gratta, spedisci.
Es. c): 1.mettiti, 2.aggrappati, 3.mettitele, 4.lasciati, 5.aspettami, 6.non allontanarti, 7.non vi preoccupate, 8.allontaniamoci.
Es. d): 1.ordinami, 2.sbrighiamoci, 3.mettitelo, 4.non telefonatele/le telefonate, 5.compriamogliene, 6. non gli dite/diteglie, 7.portatemene, 8.non glielo lasciare/lasciarglielo, 9.mandateglielo, 10.non ce ne regalate/regalatecene, 11.non gli portiamo/portiamogli.
Es. e): 1.Fissa .... . 2.Inserisci la manovella ..... e avvitala ..... . 3. ..... scegli l'ingranaggio ..... e agganciato ..... . 4.Non dimenticarti di ..... 5. ..... assicurati che ..... .
Es. f): vieni, abbi, va', siedi, bevi, fa'(2x), sta', di', da', sii.
Es. g): 1b, 2c, 3e, 4d, 5a, 6h, 7l, 8g, 9f, 10i.
Es. h): 1.dategliele, 2.vacci,3.dammene, 4.sieditì, dille, 5.vammi, 6.mostramelo,7.stallo, 8. ditegliele.
Es. i): 1.informatevi, 2.seguite, mantenete, 3.usate, avvertite, cercate, 4.chiudete, attendete, tappate, attirate, 5.usate, 6.pensateci.
Es. l): 1.sii, non dirmi, 2.esci, vieni, 3.comprati, 4.vacci, 5.dammelo, 6.non comprare, fatti, mescola, inventati, 7.vai, cambia, mettiti.
Es. m): 21
Es. n): 1. sposti, faccia, stia, chiami, se ne vada, guardi. 2. si accomodi, dica, scusi, provi.
Es. o): Gentile signora Martini, mi mandi il Suo indirizzo al più presto. Me lo faccia arrivare per fax o per e-mail. Se non Le è possibile usare il fax o il computer durante il trasloco, mi chiami in ufficio tra le 9 e le 18. Mi dica se sarà a Milano la settimana prossima perché devo organizzare la riunione del dipartimento. Non Si stanchi troppo! Quando il grosso è fatto, lasci tutto e Si faccia una bella nuotata in piscina.
Es. p): **I annuncio:** Se vuole approfittare dei vantaggi di questa giornata dimostrativa, venga a trovarci nei nostri centri estetici. Estetiste diplomate si prenderanno cura della Sua pelle in cabine individuali.
Si affidi all'esperienza di chi sa come far scomparire brufoli in pochi minuti. Non esiti a provare il nuovo prodotto della casa. Una volta in cabina, con la maschera

che Le copre soavemente tutto il viso, Si rilassi e si sentirà come nella poltrona più comoda del suo soggiorno.

II annuncio: Se vuole approfittare dei vantaggi di questa giornata dimostrativa, venga a trovarci nei nostri centri. Meccanici specializzati Le daranno tutte le informazioni tecniche che Lei desidera sui modelli esposti. Si affidi all'esperienza di chi sa valutare l'usato in pochi minuti. Non esiti a provare il nuovo prodotto della casa. Una volta allacciata la cintura, schiacci l'acceleratore e verifichi la tenuta di strada. Si sentirà come nella poltrona più comoda del Suo soggiorno.

Es. q): 1.b, 2.a, 3.d, 4.e, 5.c.

Cap.20

Es. a): 1.che, 2.che, 3.in cui, 4.su cui.
Es. b): 1.che, 2.con cui, 3.che, con cui, 4.fra/tra cui, che, 5.da cui, 6.in cui, 7.che, 8.di cui, a cui, 9.a cui, 10.che, che, 11.su cui,12.da cui.
Es. c): del quale, il quale, sui quali, alle quali, alla quale, per la quale, al quale, per i quali, alla quale.
Es. d): 1.per il quale c, 2.sulla quale a, 3.delle quali d, 4.ai quali b, 5.dal quale f, 6.nella quale e.
Es. e): 1.chi, che, 2.a cui, che, 3.che, a cui, 4.a cui.
Es. f): di cui, che, a cui, che, di cui, che, chi.

Cap. 21

Es. a): continuerà/F, ne ha/C, cambieranno/F, ha chiesto/P, si era trovato/P.
Es. b): 1 b, 2 a, 3 g, 4 f, 5 e, 6 d, 7 c.
Es. c): avrà, se ne occuperà, dovremo, abbiamo preso, c'è stata, abbiamo comunicato, abbiamo fatto, sono, andrò, c'è, sarà, leccano, abbaiano, lasciano.
Es. d): c'era/C, aveva consigliato/P, avrebbe passato/F, avevano avuto/P, avevano divorziato/C, sarebbero rimaste/F, sarebbe uscito/F.
Es. e): 1 c, 2 e, 3 a, 4 b, 5 d, 6 f.
Es. f): 1.Ieri sera abbiamo preferito cenare fuori perché la temperatura era mite. 2.Eravamo sicuri che, dopo quello che era successo, Mara avrebbe venduto l'appartamento e si sarebbe trasferita al Sud. 3.La settimana scorsa ho saputo che era stato eletto il Presidente. 4 Lorenzo non sapeva se i suoi colleghi l'avrebbero aspettato.
Es. g): guidavo, ha tagliato, ho frenato, era, era/ aveva piovuto, ha sbandato, è finita/ sono finita, mi sono spaventata, tremavano, avevo, mi sono guardata, ho visto, avevo, mi sono resa conto, avevo urtato, mi ero dimenticata, succederà.
Es. h): ho conosciuto, avevo, studiavo, doveva, faceva, siamo diventati, ha invitato, ho accettato, mi chiedevo, avrebbero pagato, avevano sostenuto/sostenevano, ho trovato, sono riuscito, è venuto, ho dovuto, è durato, siamo arrivati, superava, aveva fatto, eravamo, era, si arrampicavano, fissavano, aveva parlato, svolazzavano, ha commentato, ha accompagnato, sarebbe stata/è stata, dovevano/sarebbero dovute.
Es. i): sono andata, abita, aveva invitato/a, ho (avevo) telefonato, sarei arrivata (arrivavo), c'era, ho (avevo) lasciato, ha (aveva) chiamato/a, sarebbe tornata (tornava), aveva prenotato, ci siamo (eravamo) date, sarebbe finito (finiva), sarebbe rientrata, sono arrivata, hanno (avevano dato), sono andata, avevano prenotato, si rinfrescavano, ho bevuto, abbiamo visitato, siamo andati, ho chiamato, ho salutato, sono uscita, doveva, era, guidava, ascoltava, mi sentivo, vedevo, sono arrivata, ho pagato, mi sono precipitata, mi sono resa conto, c'era, stavo, sono riuscita, riflettevo, tremavo, ho visto, si avvicinava, era, conosceva, ha fatto/a, ho passato, è arrivata, ero, volevo, mi mettevo, ho avuto, ho guardato, aveva dato, si era tenuto.

CHIAVI DEGLI ESERCIZI

Intermezzo 6
Es. a): 1. dato che/visto che/siccome/poiché, 2. dato che/visto che/siccome/(poiché), 3. perché, 4. anche se, 5. anche se.
Es. b): 1. Abbiamo preso il treno, perché c'era ghiaccio sulle strade./Siccome c'era ghiaccio sulle strade, abbiamo preso il treno. 2. I supermercati hanno dovuto ritirare dal commercio i prodotti della Cibilux, perché contenevano delle sostanze nocive./Siccome i prodotti della Cibilux contenevano delle sostanze nocive, i supermercati hanno dovuto ritirarli dal commercio. 3. Ho preso la metropolitana, perché il centro era chiuso al traffico./Siccome il centro era chiuso al traffico, ho preso la metropolitana. 4. Anche se le condizioni del mare non erano ideali, Nicola e Piero hanno voluto provare la nuova barca.

Cap. 22
I
Es. a): Roberto Corsinovi (erre, o, bi, e, erre, ti, o - ci, o, erre, esse, i, enne, o, vi, i.)
Mario Sponza (emme, a, erre, i, o - esse, pi, o, enne, zeta, a.)
Dellis Georges (di, e, elle, elle, i, esse - gi, e, o, erre, gi, e, esse.)
Gappmayr Elisabeth (gi, a, doppia pi, emme, a, ipsilon, erre - e, elle, i, esse, a, bi, e, ti, acca.)
Gonzalez Mari Carmen (gi, o, enne, zeta, a, elle, e, zeta - emme, a, erre, i, ci, a, erre, emme, e, enne.)
Es. b): meyer.tim@diatur.natepar.lu (emme, e, ipsilon, e, erre, punto, ti, i, emme, chiocciola, di, i, a, ti, u, erre, punto, enne, a, ti, e, pi, a, erre, punto, elle, u)
franco.dori@club.ina.it (effe, erre, a, enne, ci, o, punto, di, o, erre, i, chiocciola, ci, elle, u, bi, punto, i, enne, a, punto, i, ti.)
anita.de.backer@srt.cec.pe (a, enne, i, ti, a, punto, di, e, punto, bi, a, ci, cappa, e, erre, chiocciola, esse, erre, ti, punto, ci, e, ci, punto, pi, e.)
II
Es. a): 5 cinque, 10 dieci, 110 centodieci, 205 duecentocinque, 322 trecentoventidue, 417 quattrocentodiciassette, 567 cinquecentosessantasette.
Es. b): 6° (sesta) fila, numero 12 (dodici)
11° (undicesima) fila, numero 15 (quindici)
17° (diciassettesima) fila, numero 31 (trentuno)
19° (diciannovesima) fila, numero 48 (quarantotto)
Es. c): 021 67 89 71 (zero ventuno sessantasette ottantanove settantuno)
054 98 11 55 (zero cinquantaquattro novantotto undici cinquantacinque)
013 00 59 28 (zero tredici zero zero cinquantanove ventotto)
Es. d): 0033 / 46 58 94 (zero zero trentatré, barra, quarantasei cinquantotto novantaquattro)
00352 / 021 26 88 75 (zero zero tre cinque due, barra, zero ventuno ventisei ottantotto settantacinque)
Es. e): '200 (Duecento), '500 (Cinquecento),'700 (Settecento)
Es. f): il 4.4.1955 (quattro aprile millenovecentocinquantacinque)
l'8.7.1954 (otto luglio millenovecentocinquantaquattro)
il 17.6.1978 (diciassette giugno millenovecentosettantotto)
il 1.5.1986 (primo maggio millenovecentoottantasei)
Es. g): 190 (centonovanta), 300 (trecento), 547 (cinquecentoquarantasette), 176 (centosettantasei) Euro.
Es. h): 1.000 (mille), 1.763 (millesettecentosessantatré), 2.000 (duemila), 10.891 (diecimilaottocentonovantuno), 1.000.000 (un milione), 2.500.000 (due milioni cinquecentomila)
Es. i): primo, secondo, terzo.
Es. l): Carlo V (quinto), Luigi XIV (quattordicesimo), Papa Paolo VI (sesto), Papa Giovanni XXIII (ventitreesimo), Piazza XI (undicesimo) Reggimento Bersaglieri.

Es. m): 1.secondo, 2.quinto, 3.primo, 4.ottavo, 5.dodicesimo, 6.decimo, 7.settimo, 8.terzo, 9.nono, 10.quarto, 11.sesto, 12.undicesimo.

III
1.quando, 2.come, 3.dove, 4.quanto, 5.quanta, 6.quante, 7.quanti, 8.quali, 9.che cosa, 10.chi, 11.come mai/perché, 12.che, 13.qual, 14.come mai/perché.

IV
Es. a): 1.in, in, 2.a, in, 3.a, 4.in, 5.in.
Es. b): al, negli, al, in, dal, dalla, dal, al, in, alla, al, a, all', in, dal, in, in, a, in, alla, a, nel.
Es. c): 1.in, 2.a, 3.a, con/da, 4.in, in, 5.in.
Es. d): in, in, con/da, in, a, al, da, in, in, all', in.
Es. e): 1.da, da, 2.in, 3.a, da, 4.a, 5.a.
Es. f): da, da, dall', da, dall', dagli, dalla, dallo, dai, dall'.

V
1.a, 2.di, 3.di, 4.--, 5.di, 6.a, 7.--, 8.--, 9.per, 10.--, 11.--, 12.a, 13.di, 14.a, 15.per, 16.--, 17.a, 18.di, 19.a, 20.per, 21.di, 22.--, 23.a, 24.di.

VI
1.ce l'ho, 2.ce l'ho, 3.ce li ho, 4.ce le abbiamo, 5.ce ne abbiamo, 6.ce ne ha, 7.ce le hanno.

VII
Es. a): 1.qualche, alcuni, qualche, 2.alcune, 3.qualche, 4.qualche, 5.qualche, 6.alcune.
Es. b): 1.qualche libro, 2.qualche camicia, 3. un po' di lievito, 4.un po' di tofu, 5. un po' di frutta.

VIII
1.puoi, 2.può, 3.più, 4.può, 5.poi, 6.più, 7.può, 8.poi, 9.più, 10.puoi.

IX
1.per, 2.durante, 3.mentre, 4.mentre, 5.durante, 6.per.

X
1.se, 2.se, 3.se /quando, si, se, si, 4.se, 5.quando, 6.quando/se, si, 7.quando, 8.se, se, 9.quando/se, si, 10.quando.

XI
non ... niente, non ... nessuna, non ... mai, non ... neanche, non ... nessun, non ... mai, non ... più.

XII
mio, da, c'erano, perché, stava, dopo, mentre, che, dalla, era, dai, vicino/accanto, c'era, fa/sta facendo, Suoi, mia, a, un, un, sono, dalle, continuavo, a, una, aria, prima, abitudine, chi.

Appunti

Appunti

Appunti

Appunti

Appunti

Finito di stampare nel mese di luglio 2001
da Guerra guru s.r.l. - Via A. Manna, 25 - 06132 Perugia
Tel. +39 075 5289090 - Fax +39 075 5288244
E-mail: geinfo@guerra-edizioni.com